O erro de Narciso

Louis Lavelle
O erro de Narciso
L'erreur de Narcisse

© Editora Âyiné, 2022

Tradução **Pedro Sette-Câmara**
Preparação **Giovani T. Kurz**
Revisão **Tamara Sender, Livia Lima**
Projeto gráfico **Violaine Cadinot**
Produção gráfica **Daniella Domingues**

ISBN 978-65-5998-057-4

Âyiné

Direção editorial **Pedro Fonseca**
Coordenação editorial **Luísa Rabello**
Direção de arte **Daniella Domingues**
Coordenação de comunicação **Clara Dias**
Assistente de comunicação **Ana Carolina Romero, Carolina Cassese**
Assistente de design **Lila Bittencourt**
Conselho editorial **Simone Cristoforetti, Zuane Fabbris, Lucas Mendes**

Praça Carlos Chagas, 49. 2º andar. Belo Horizonte 30170-140
+55 31 3291-4164
www.ayine.com.br | info@ayine.com.br

LOUIS LAVELLE

O erro de Narciso

Tradução
Pedro Sette-Câmara

Âyiné

SUMÁRIO

O erro de Narciso	7
O segredo da intimidade	29
Ser si mesmo	47
A ação visível e a ação invisível	73
As faculdades da sensibilidade	95
A indiferença e o esquecimento	115
A vocação e o destino	133
Tormentos do indivíduo	155
Comércio entre os espíritos	179
Tranquilidade da alma	205
A sabedoria e as paixões	227
O espaço espiritual	249

O ERRO DE NARCISO

1. A aventura de Narciso

A aventura de Narciso inspirou todos os poetas desde Ovídio.

Narciso tem dezesseis anos. É insensível ao desejo. Porém, é essa recusa do desejo que, para ele, se transformará num desejo mais sutil.

Ele tem o coração puro. Receando que seu próprio olhar venha macular essa pureza, foi previsto que ele viveria muito tempo caso aceitasse jamais se conhecer. Porém, o destino decidiu que não seria assim. Eis que, para saciar sua sede inocente, ele se dirige para uma nascente virgem onde ainda ninguém mirou a si mesmo. Nela, ele imediatamente descobre sua beleza, e passa a ter sede apenas de si mesmo. É sua beleza que, a partir de agora, perfaz o desejo que o atormenta, que o separa de si mostrando-lhe sua imagem, e que o obriga a procurar a si mesmo ali onde ele se vê, isto é, onde ele não está mais.

Ele encontra diante de si um objeto que é semelhante a si mesmo, que veio consigo, e que segue todos os seus passos. «Sorrio para você», diz ele, «e você sorri de volta para mim. Estendo os braços para você, e você me estende os seus. Estou vendo que você também quer o meu abraço. Se choro por saber que ele é impossível, você chora comigo, e as mesmas lágrimas que nos unem no sentimento do nosso desejo e da nossa separação escurecem a transparência da água e imediatamente nos escondem um do outro».

Então começa o jogo de recuos e de ardis por meio do qual ele se afasta de si para se ver e se joga para si para apreender-se. Foi necessário que deixasse a si mesmo para dar a seu amor um objeto que seria aniquilado caso conseguisse unir-se a ele. Apenas um pouco d'água separa-o de si mesmo. Ele mergulha os braços nela para pegar esse objeto que só pode ser uma imagem. Ele só pode contemplar-se, e não pode beijar-se de jeito nenhum. Ele definha sem conseguir sair desse lugar. E agora, à beira da fonte, como testemunha de sua miserável aventura, só resta uma flor cuja cor de açafrão é cercada de pétalas brancas.

2. A ninfa Eco

Narciso pede à visão totalmente pura que o faça gozar apenas de sua essência: e o drama ao qual ele sucumbe é que ela só pode lhe dar sua aparência.

Ele fica sem palavras e não tenta ouvir-se. Ele só pede para se ver, para tomar como uma presa seu corpo belo e mudo ao qual as palavras ainda dariam sabe-se lá qual perturbadora iniciativa que poderia inquietar-lhe o desejo e dividir a posse.

Porém, seu próprio fracasso convida-o a tentar um chamado, a implorar por uma resposta. Inquieto com essa solidão em que permanece, e que tinha julgado vencer, ele aceita romper a unidade do silêncio puro, aceita procurar na cavidade da fonte um outro ser que possa amá-lo. Porém, ele não consegue encontrá-lo ali. Ele não pode escapar de si mesmo. Somente o amor que ele tem por si não para de persegui-lo, isso quando ele gostaria de fugir dele.

O mito quer que o jovem Narciso não possa ser separado da ninfa Eco, que é a consciência que ele tem de si mesmo. Eco ama Narciso e não pode, para expressar-lhe seu amor, ser a primeira a falar-lhe. Afinal, ela decerto não tem voz própria. Ela repete o que Narciso diz, mas só repete uma parte das palavras. «Tem alguém perto de Mim?», diz Narciso. — «Mim», repete Eco. E quando Narciso diz: «Reunamo-nos», Eco diz: «Unamo-nos». Ela eternamente lhe devolve suas próprias palavras, num refrão mutilado e irônico, e nunca responde.

3. A fonte ou a origem

Não há fonte nenhuma que possa devolver a Narciso uma imagem fiel e já formada. A fonte em que ele se olha é uma fonte onde ele mesmo nasce pouco a pouco para a vida: a água corre sem cessar, enruga a superfície e o impede de fixar seu trêmulo contorno. Supondo-se, todavia, que durante um instante inapreensível a fonte seque, a superfície das águas se torne imóvel e unida como um espelho verdadeiro, será que ele poderá enfim contemplar-se como se estivesse preso no gelo dessa transparência? Também nesse caso ele deve perder toda esperança. Afinal, esse espelho é tão sensível que apenas seu hálito basta para maculá-lo; caso chegue mais perto, o hálito faz correr sobre ele, como um vento exterior, mil ondulações que ele não pode mais acalmar.

Ele assume essa empreitada comovente e contraditória de querer permanecer ele mesmo, isto é, uma liberdade invisível, um pensamento interrogativo e o segredo de um sentimento puro, e no entanto perceber-se como uma coisa que detém o olhar, como uma paisagem que se desfralda, como um rosto que se oferece. Ele quer tornar-se espectador de si mesmo, isto é, desse ato interior por meio do qual ele nasce o tempo todo para a vida e que nunca pode tornar-se um espetáculo sem aniquilar-se. Ele se mira em vez de viver, o que é seu primeiro pecado. Ele busca sua essência e só encontra sua imagem, a qual não para de o iludir.

De si, ele só vê o reflexo de seu belo corpo ainda puro. Porém, o olhar que ele lança para si mesmo basta para perturbá-lo: e, doravante, ele não consegue mais viver.

4. O espelho e o estanho[1]

A transparência não basta para o espelho em que Narciso se olha. Também é necessário perguntar-se qual é seu estanho. Ora, Narciso abriga em si a profundeza infinita do ser e da vida. E seu rosto se reflete no ponto mesmo em que ele se detém nessa descida em si mesmo que desconhece qualquer termo final.

Ali, ele procura sua alma: porém, o amor-próprio, o desejo que ele tem de possuir-se formam o estanho que, ao limitar sua procura, mostra-lhe a imagem de seu corpo. Contudo, a emoção que a descoberta de si lhe proporciona é a emoção proporcionada pela descoberta do absoluto do qual participa. Porém, ela nunca se conclui: e em lugar nenhum há algum objeto que a fixe.

Se imaginamos Narciso diante do espelho, a resistência do vidro e do metal contrapõe uma barreira a suas empreitadas. Contra ela, ele bate a testa e os punhos; caso dê a volta no espelho, ele não encontra nada. O espelho aprisiona nele um mundo interior que lhe escapa, no qual ele se vê sem poder apreender-se, e que está separado dele

---

1. Um espelho não é feito apenas de vidro. Ele recebe uma camada metálica, comumente feita com estanho, e é por causa dela que o espelho reflete. [N. T.]

por uma falsa distância que ele consegue reduzir, mas de maneira nenhuma transpor.

Pelo contrário, a fonte é para ele um caminho aberto. Antes mesmo de encontrar sua imagem, ele gozava da transparência da água e daquela pureza perfeita que ainda não tinha sido violada por nenhum contato: uma lucidez extrema não lhe basta, é preciso que ele a atravesse para, nela, reunir-se com sua imagem a partir do momento em que ela é formada. Porém, o mundo que o acolhe mantem-no eternamente cativo: e ele não pode adentrá-lo sem morrer.

5. O passado e a morte

Só posso me ver quando me volto para meu próprio passado, isto é, para um ser que já não sou. Porém, viver é criar meu próprio ser voltando minha vontade para um futuro em que ainda não sou, e que só se tornará um objeto de espetáculo quando eu tiver não apenas o atingido, mas já ultrapassado.

Ora, a consciência que Narciso busca ter de si mesmo lhe tira a vontade de viver, isto é, de agir. Afinal, para agir, ele tem de deixar de se ver e de pensar em si mesmo; ele tem de recusar-se a converter numa fonte em que ele se olha uma nascente cujas águas destinam-se a purificá-lo, a alimentá-lo e a fortificá-lo.

Porém, ele tem ternura demais pelo próprio corpo, o qual está ele mesmo a dissipar-se um dia, por esse passado que lhe foge e que o obriga a correr atrás de uma sombra. Ele é semelhante àquele que escreve suas memórias e que tenta gozar de sua própria história antes que ela termine. Olhar-se num espelho é ver a própria história avançar na sua direção: no espelho, só é possível ler o próprio destino dando um passo para trás.

Narciso é portanto punido por sua injustiça, pois deseja contemplar seu ser antes de o ter produzido ele mesmo; ele quer encontrar em si, para possuí-la, uma existência que é apenas uma pura potência, na medida em que ainda nem sequer se atualizou. Narciso se contenta com essa possibilidade: ele a converte numa imagem enganosa; é nela que ele doravante instala sua morada, e não em seu próprio ser. E o erro mais grave em que ele pode cair é que, ao criar essa aparência de si em que se compraz, ele imagina ter criado seu verdadeiro ser.

É somente na medida em que avança na vida que o homem começa a tornar-se capaz de se ver. Quando ele se volta, mede o caminho percorrido e descobre suas pegadas. A fonte em que Narciso se mira só deve ser visitada no crepúsculo. Ele só pode mirar nela uma forma que se esfuma, próxima de seu declínio, no instante em que ele mesmo também vai se tornar uma sombra. Nesse momento, seu ser e sua imagem se parecem e acabam se confundindo. De resto, o jovem Narciso veio mirar-se na fonte na aurora; ele tentou olhar aquilo que certamente não devia ver; e seu destino trágico obrigou-o a entregar seu próprio corpo à imagem mesma em que ele pretendia apreendê-lo.

Agora ele só pode unir-se a essa efígie estéril. Ele está condenado a uma morte precoce e inútil porque quis obter, antes de ter merecido, esse privilégio que somente a morte pode dar ao homem: contemplar em si mesmo sua própria obra somente depois que ela está realizada.

6. Um estrangeiro que é ele mesmo

Ninguém consegue reconhecer-se totalmente na efígie que o espelho da reflexão lhe devolve de si mesmo. É você mesmo, e não é você mesmo. Qualquer que seja a precaução com que Narciso se duplica, ele se defronta consigo mesmo e faz aparecer diante de si uma imagem inversa e complementar. Ele é esse diálogo permanente do eu e de sua imagem que constitui as alternativas mesmas da consciência que temos da vida. E ele nunca obtém, com ela, aquela coincidência exata que os aboliria a ambos.

Assim, vemo-nos como um outro que no entanto não é de jeito nenhum um outro, ainda que ele só nos dê de nós mesmos uma aparência que nem a mão pega, nem o espelho guarda, e uma falsa aparência que sempre trai o modelo.

Narciso está tão perto de si que, para conhecer-se, afasta-se de si; porém, ele não consegue mais reencontrar-se consigo. E a fonte lhe devolve um rosto sempre idêntico a ele mesmo, mas que sempre lhe parece novo porque sempre lhe mostra o mesmo estrangeiro, isto é, sempre o mesmo desconhecido. Narciso busca um milagre da conversão de seu ser próprio num ser que ele possa ver assim como um outro o vê. É o desejo de amar a si próprio assim como um outro poderia amá-lo que faz com que ele tente conhecer essa aparência que ele dá de si a um outro. Porém, é um outro que empresta vida a essa aparência, ao passo que Narciso tem-na separada dela.

Mas aqui começa o drama. Afinal, a imagem que ele tem de si mesmo não tem nem sequer a consistência do objeto mais frágil; ao contrário de uma miragem que só nos engana à distância, ela permanece sempre tão próxima dele que, por menos que ele se afaste, ela imediatamente se dissipa. Assim, Narciso é o protagonista de uma empreitada impossível, pois com essa imagem ele nunca conseguirá nem uma separação verdadeira, nem uma coincidência exata, nem aquela reciprocidade do agir e do sofrer que é a marca de toda ação verdadeira.

Narciso está emocionado por sentir que existe. Ao observar-se, ele produz uma imagem de si mesmo semelhante àquela que até então recebia dos seres que não eram ele. Ele a renova, ele a multiplica por movimentos dos quais é ao mesmo tempo espectador e autor. Ele começa a entrar em simpatia consigo mesmo. Porém, essa imagem que ele mira na fonte também estende seus braços para um outro e não para ele.

Narciso aliena-se a si mesmo; ele está fora de si, no mesmo ato estrangeiro e estranho aos próprios olhos. Ele é o louco que se separa de si e corre atrás de si, e termina como Ofélia. Ele, que está vivo, que necessidade tem dessa imagem da própria vida, que é feita para os outros e não para ele mesmo?

7. A sombra de uma sombra

Se fosse verdadeiro dizer que Narciso se duplicava, ele encontraria em seu duplo um fragmento de si mesmo. Porém, em vez de duplicar-se, ele duplica, para ver-se, sua própria realidade invisível, e aquilo que a torna visível não passa de uma sombra sem realidade.

Narciso tem necessidade de ser tranquilizado quanto à própria existência. Ele duvida dela, e é por isso que ele tenta vê-la. Porém, é preciso que ele se resigne, ele, que vê o mundo, a não se ver de jeito nenhum. Afinal, como ele poderia ver-se, ele, o vidente, senão transformando-se nessa coisa vista, da qual ele mesmo está ausente? Ele que abraça todas as coisas, como poderia ele mesmo abraçar-se? É preciso que ele se separe de si mesmo para possuir-se, e, se ele se procura, fica exausto.

Ele, que é a origem de todas as presenças, e que comunica a presença a tudo que é, como se tornaria presente para si mesmo?

Quem possui o conhecimento não pode possuir a existência daquilo que conhece. Porém, Narciso quer unir o ser e o conhecer no mesmo ato de seu intelecto. Ele ignora que sua própria existência só se realiza por meio do conhecimento do mundo. Porém, ele interrompe a vida para conhecê-la, e de si mesmo agora só pode conhecer um simulacro do qual a vida mesma se retirou. Ele é apenas um vaso vazio que só mostra sua forma pelo conteúdo que o enche.

Da fonte em que ele se mira, das folhagens que o abrigam, do imenso mundo que o cerca, Narciso não sabe nada: ele só conhece esse frágil reflexo de si mesmo que se forma no espaço dessas coisas e que sem elas não seria nada.

Narciso treme de emoção e de decepção diante da revelação que lhe é feita. Nada poderia satisfazê-lo além da visão do universo inteiro jorrando de seu olhar, como que de um ato ao mesmo tempo de criação e de contemplação. Porém, ao contrário, é o universo que desaparece de imediato para ele diante da imagem irrisória e impotente que ele obtém de si mesmo.

Visão ímpia e atentatória à ordem das coisas em que ele se recusa a contemplar a obra do criador para contemplar-se a si próprio, em vez de criar-se, e de fazer de si mesmo sua própria obra.

Porém, Narciso não suporta nem ser, nem agir: ele está reduzido, diz o sutil Góngora, a «ecos solicitar, desdenhar fontes».[2] Ele procura antes o que o lisonjeia do que aquilo que ele é. O próprio corpo de Narciso não passa de uma imagem que é para todos aqueles que o cercam o sinal de sua presença: porém, o que ele mesmo persegue na fonte, senão esse sinal e a imagem dessa imagem?

8. A complacência de Narciso

Narciso mostra um poder extremo em relação aos outros. Porém, ele se despoja de todo esse pudor em relação a si próprio: ele se compraz nessa ausência de pudor.

Narciso se surpreende por ser um objeto para si mesmo, e se regozija por ver-se como um estrangeiro o veria, mas dando-se o prazer secreto de abolir esse estrangeiro em si mesmo.

O desejo de Narciso é não ter nenhum outro espectador e nenhum outro amante além de si mesmo. É ser, sozinho, amante e objeto amado. É reunir em si dois atos que só se produzem ao contrapor-se. É, ao separar-se

---

2. «Ecos sollicitar, desdeñar fuentes». *Soledades*. «Soledad primera», v. 116. [N. T.]

de si mesmo, encontrar-se, e outra vez entrar em si no momento em que cada um só pensa em sair de si para procurar no mundo um objeto para conhecer ou um ser para amar.

Porém, nesse misterioso voltar-se para si em que ele se compraz, Narciso se regozija porque nenhum objeto exterior a ele o separa mais dele mesmo, porque nenhum ser independente dele opõe uma vontade outra, oposta à sua.

Narciso se fecha em sua própria solidão para fazer sociedade consigo mesmo: nessa perfeita suficiência que ele espera, ele vivencia a própria impotência. Ele inventou as expressões autoconhecimento e amor-próprio, mas se atormenta com sua impossibilidade de realizar os atos designados por essas palavras. Afinal, ele sabe muito bem que está com o eu que conhece e que ama, e não, de jeito nenhum, com a vã imagem que ele persegue com seu conhecimento e com seu amor.

Ser conhecido, ser amado por si mesmo, não acrescenta para ele nada além da pura faculdade que ele tem de conhecer e de amar; é só na aparência que ela age.

O crime de Narciso é preferir, no fim, sua imagem a si mesmo. Sua impossibilidade de unir-se a ela só pode produzir nele o desespero. Narciso ama um objeto que ele não pode possuir. Porém, a partir do momento em que começou a inclinar-se para vê-lo, era a morte que ele desejava. Unir-se à própria imagem e confundir-se com ela, eis o que é morrer. Era também seu duplo que procurava nas ondulações a ninfa do Reno.

Narciso não sabe que tem de sair do próprio corpo para perceber sua imagem. Ele quis imitar Deus que, ao contemplar-se, criou seu Verbo. Ele mesmo só conseguiu ver a imagem do próprio corpo. Porém, nela, ele se vê mais belo do que todos os espetáculos, e essa descoberta o faz fraquejar. Ele desaparece na fonte: afinal, ele quer que sua imagem, tão bela, ocupe todo o espaço de seu ser, como aconteceu com Lúcifer quando ele se tornou Satanás.

Narciso tenta gozar mentalmente da imagem mesma de seu corpo. Empreitada audaciosa e criminosa, que só podia precipitar seu intelecto.

9. O pecado contra o espírito

Narciso é secreto e solitário.

Seu erro é sutil. Narciso é um espírito que quer se exibir para si mesmo. Ele comete contra o espírito o pecado de querer apreender-se assim como apreende o corpo: porém, ele não pode ter sucesso, e é seu próprio corpo que ele aniquila em sua própria imagem. Essa imagem o atrai e o fascina: ela se desvia de todos os objetos reais, e, no fim, ele só consegue olhar para ela.

É para obter o gozo de si que ele fez de si mesmo um ídolo, a fim de encontrar diante de si o objeto do qual pode gozar. Porém, só o sonhador pode produzir assim uma imagem de si mesmo; e essa imagem, por sua vez, morre com seu próprio sonho.

E o trágico de Narciso é que a fonte lhe impõe essa efígie dele mesmo que não foi ele mesmo quem formou. É um produto da reflexão, em que somente a reflexão lhe permite reconhecer-se, mas que supõe um ser que se reflete, pelo qual ele não se interessa mais. Assim, ele perde o mais que tinha, e o menos que ele deseja em troca lhe é recusado. Porém, o ato mais humilde deve bastar para libertá-lo da miséria em que caiu e para devolver-lhe o ser que perdeu. Essa é a moral de sua eterna aventura.

10. Morte ou nascimento?

Será que se pode dizer que Narciso morre de tristeza ao ver uma beleza que é sua e que permanece para ele um puro espetáculo? Essa imagem que ele tenta apreender é mais bela do que ele mesmo; porém, ela é inapreensível e inviolável como todas as sombras e todos os reflexos.

Ou será que se pode dizer que sua tristeza está em descobrir, por meio dessa imagem, que ele tem uma forma material, ele, que se julgava puro espírito? E será o caso de pensar, como quer o mito, que a morte de Narciso vem pôr fim para sempre à sua jovem e miserável aventura? É possível dar-lhe mais um lance. Dessa morte Hermes faz um nascimento, o que mostra a que ponto esses dois contrários são inseparáveis. É no momento em que o homem viu o reflexo de sua forma na água ou sua sombra sobre a terra, que a achou bela, que ele se apaixonou por ela, e quis possuí-la. Então o desejo tornou-o cativo dessa forma. Ela apreende seu amante, ela o envolve por completo, e eles se amam num amor mútuo. Esse é, então, o relato da encarnação de Narciso, o momento em que começa sua vida corpórea.

11. Narciso e Pigmalião

A imaginação parece dar sopro a todas as suas criações. Não há homem nenhum em quem não habite um sonhador capaz de dizer: «Um dia evoquei a imagem de Alexandre, e a vi pouco a pouco animar-se diante dos meus olhos. Logo o rapaz começou a mover-se e a dar todos os sinais da presença e da vida. Ele tinha o rosto de um adolescente, um pouco inclinado para o lado, como dizem os cronistas, redondo sem ser gordo, com linhas pouco acentuadas, belo, calmo, e um pouco brincalhão». Porém, o sonho logo se dissipa.

Todo homem pensa em alguns momentos poder dar alma a uma imagem apenas com um ato da mente. Porém, ele se inebria um momento com sua capacidade, e termina no desespero. Afinal, a criação só agrada eternamente o coração de Deus na medida em que chama à vida um ser verdadeiro, provido de um corpo e de uma alma, que tem iniciativa própria, a qual ele invoca e a qual lhe responde. Porém, a imaginação nos deixa por conta própria.

Há uma semelhança trágica entre o destino de Narciso e o de Pigmalião. Pigmalião tinha ficado até aquele momento sem amar mulher nenhuma. Porém, ele contempla a estátua que fez e a considera mais do que bela:

é a obra de suas mãos, e começa a comover seus sentidos no momento em que ele tem de se separar dela. Ele invoca Vênus, e lhe parece que a oração interior que ele lhe dirige amolece o marfim e faz dele uma carne. Esse corpo imóvel é ainda mais encantador por ser refreado apenas pelas cadeias do pudor. Pigmalião tem medo de machucá-lo; ele logo imagina que o corpo devolve suas carícias. E seu amor é tão ardente que ele julga obter só para si o consentimento que bastará para transformar em corpo de mulher aquele corpo inerte. Milagre do fervor, no qual são encontrados por contraste todos os traços desse amor impotente e recusado que muda um corpo de mulher num corpo inerte.

Pigmalião está apaixonado por sua própria obra, que só pode decepcioná-lo enquanto permanece uma coisa que ele contempla e admira; assim, é preciso, para deixar de ser escravo dela, que ele a abandone e perca o interesse por ela.

Narciso só encontra diante de si sua própria imagem, ao passo que Pigmalião toma emprestada do universo alguma matéria para dar-lhe uma forma estrangeira. Ele pode contemplar uma coisa que produziu e da qual gostaria de fazer um ser. Ele tem tanta confiança no amor que tem por ela que se julga capaz de dar vida àquilo que desejou. Aí está sua impiedade, pois ele só é capaz de amar uma vida que deve em primeiro lugar dar o ser a si mesma antes de poder dar-se a ele.

12. Adão e Eva

Deus, em sua sabedoria soberana, viu Adão procurar-se a si mesmo como Narciso e, duplicando-o segundo seu desejo, fez aparecer diante dele o corpo da mulher ao qual ele pôde unir-se sem aniquilar-se. Porém, entregue apenas às próprias forças, Narciso se duplica num fantasma que imita seus gestos insignificantes e que, quando ele tentava apreender seu verdadeiro ser, transforma esse ser mesmo numa ilusão que o desespera.

Milton conta o mito de outro jeito: primeiro mostra a figuração da consciência de si que se desperta, ou das relações do ser consigo. Porém, elas escondem um anseio impotente caso não se concluam nas relações do homem com a mulher ou de cada ser com todos os outros. Narciso morre por suspeitar que há em si essa feminilidade que o engana e que ele não pode conseguir contentar. Eva, porém, nasce de imediato da luz e busca a explicação daquilo que ela é. Ela ignora de onde vem. A natureza ainda não lhe ensinou nada. Ela inclina o rosto sobre a superfície das águas que reflete a pureza do céu e que lhe parece outro céu. Ao inclinar-se, ela percebe uma figura que imediatamente se apresenta a ela. «Eu a miro, ela me mira. Eu recuo estremecendo, ela recua estremecendo; um encanto secreto me aproxima, o mesmo encanto a atrai. Movimentos recíprocos de simpatia nos advertiam uma para a outra.» Porém, esse objeto encantador não a retém. Ela não detém o olhar nele com complacência. É preciso que uma voz distinta a advirta de que, nela, é sua existência mesma que está representada. «Isso que contemplas, bela criatura, é tu mesma.» Porém, é outro ser que ela julga perceber. É outro ser que ela começa a admirar. Afinal, não é a imagem dela mesma que ela perseguia e tentava possuir. Era um ser diferente dela, e essa imagem lhe explica que ele é também semelhante a ela. Ela se unirá com ele e lhe dará, diz o poeta, uma multidão de crianças que farão com que ela seja chamada de mãe dos vivos.

O SEGREDO
DA INTIMIDADE

1. Conhece-te a ti mesmo

Narciso procura em si o segredo do mundo, e é por isso que fica decepcionado ao se ver. Esse segredo divino é mais íntimo dele do que ele mesmo: é a intimidade do Ser puro. Dele, não há imagem nenhuma. Ele não habita de jeito nenhum a fonte que se reflete no olhar de Narciso e volta a seu mistério a partir do momento em que esse olhar se anula. Ele só se mostra a um olhar puramente espiritual, além de todas as imagens e de todos os espelhos.

Tudo aquilo que posso imaginar de mais nobre e de mais belo no mundo, tudo aquilo que para mim traz a marca do amor e que posso amar, é isso que é minha intimidade mais profunda, e ao fugir dela sob o pretexto de que dela sou incapaz ou indigno, é de mim mesmo que fujo. As coisas mais superficiais e as mais baixas, que me atraem ou me retêm, são apenas uma distração que me afasta de mim mesmo, não propriamente porque eu não posso suportar o espetáculo daquilo que sou, mas porque não tenho a coragem de utilizar as forças de que disponho, nem de responder às exigências que encontro em mim.

Não podemos descobrir que nosso ser reside nessa intimidade secreta em que ninguém adentra além de nós mesmos sem recorrer à introspecção para conhecê-la. Porém, o eu é apenas uma possibilidade que se realiza; ele nunca é feito; ele não deixa de fazer-se. É por isso que há duas introspecções: uma, que é a pior das coisas, e que me mostra em mim todos os estados momentâneos em que não paro de comprazer-me, e outra, que é a melhor, e que me torna atento a uma atividade que me pertence, a faculdades que desperto e que cabe a mim exercitar, a valores que busco reconhecer a fim de lhes dar um corpo.

Afinal, a consciência não é uma luz que ilumina uma realidade preexistente sem mudá-la, mas uma atividade que se interroga a respeito de sua decisão e que tem nas mãos seu próprio destino. «Conhece-te a ti mesmo», diz Sócrates, como se já aconselhasse Narciso. Porém, Sócrates bem sabia que aquele que se conhece não para de se aprofundar e de se superar. Se os antigos dizem «conhece-te», e os cristãos, «esquece-te», é porque não estão falando do mesmo eu: e só se pode conhecer um quando se esquece o outro.

2. A intimidade consigo e com o outro

A intimidade é o lado de dentro que escapa a todos os olhares, mas é também o fundo último do real, além do qual não é possível ir, e que sem dúvida só é alcançado depois que são atravessadas todas as camadas superficiais que foram pouco a pouco envoltas pela vaidade, pela facilidade, ou pelo hábito. É o ponto mesmo em que as coisas se enraízam, o lugar de todas as origens e de todos os nascimentos, a fonte e o lar, a intenção e o sentido.

A descoberta da intimidade é algo difícil e, uma vez que ela é descoberta, ainda é preciso se estabelecer nela. Porém, é nela que encontramos o princípio da nossa força e a cura de todos os nossos males. É porque a ignoram que tantos homens procuram a distração ou julgam poder reformar o mundo desde fora. Porém, aquele que soube penetrar a intimidade não aceita mais ser expulso dela; e, para ele, todos os prestígios da distração e da ação exterior estão abolidos.

A intimidade é mesmo, como se costuma pensar, o último reduto da solidão. Porém, também basta que ela se revele a nós para que a solidão termine. Ela nos revela um mundo que está em nós, mas no qual todos os seres podem ser recebidos. Porém, pode nascer a suspeita de que ainda estamos sós, e de que este mundo não passa de uma ilha de sonho. Porém, se outro ser entra nele conosco de repente, esse sonho se realiza, e essa ilha é o continente: então produz-se a emoção mais aguda que somos capazes de sentir. Ela nos revela que nosso mundo mais secreto, e que julgávamos tão frágil, é um mundo comum a todos, o único que não é uma aparência, um absoluto presente em nós, aberto diante de nós, e no qual somos chamados a viver.

A intimidade é, portanto, ao mesmo tempo individual e universal. A intimidade que julgo ter comigo mesmo só é descoberta na intimidade da minha própria comunicação com outra pessoa. E toda intimidade é recíproca. O uso mesmo da palavra confirma isso. Permaneço separado de mim mesmo enquanto não posso entregar aquilo que sou e, ao entregá-lo, descobri-lo.

Aquele que entrega sua intimidade não fala mais de si, mas de um universo espiritual que traz consigo e que é o mesmo para todos. Não é de maneira nenhuma sem uma espécie de tremor que ele o acessa. As almas mais comuns não cruzam o limiar. As mais baixas fogem dela e tentam aviltá-la: isso porque o ser verdadeiro está ali, e de maneira nenhuma em outro lugar; mas, por ele, elas só sentem desprezo e ódio.

3. O segredo comum a todos

Há em nós uma essência secreta na qual mal ousamos fazer penetrar nosso olhar, o qual, ele mesmo parecendo um olhar estrangeiro, já começaria a rasgá-la e a violá-la. Só que o milagre é que de repente percebo que meu segredo é também o seu, que ele não é de maneira nenhuma um sonho sem realidade, mas a realidade mesma que tem no mundo seu sonho, uma voz silenciosa, mas a única que pode produzir um eco. Afinal, o ponto em que cada qual se fecha em si mesmo é também o ponto em que ele se abre verdadeiramente para os outros. E o mistério do eu, no momento em que se torna o mais profundo, em que é sentido como verdadeiramente único e inexprimível, produz aquele tipo de excesso da solidão que a estilhaça porque ela é a mesma para todos. E é só então que tenho o direito de usar as admiráveis palavras «abrir-me para você», isto é, abolir todo segredo em mim, mas ao mesmo tempo abrir a porta para o seu próprio segredo e acolhê-lo em mim.

Afinal, é somente de outro ser que posso esperar que ele me confirme e me subjugue nessa existência espiritual que, sem seu testemunho, para mim permaneceria subjetiva e ilusória. Não que, como quando se trata do objeto exterior, eu apele para sua experiência, como se a minha tivesse podido enganar-me. Aqui não se trata mais de um espetáculo dado a todos os seres, e no qual todos os olhares vêm cruzar-se. Trata-se daquela realidade invisível da qual eu julgava às vezes tirar o alimento da minha vida mais pessoal, mas que ainda me aparecia como frágil e incerta, e da qual eu mal ousava tomar posse enquanto a via apenas como minha; agora que um outro também revela para mim a presença dela nele, ela me traz uma espécie de luz miraculosa, ela recebe uma densidade e um relevo extraordinários e obriga subitamente o mundo visível, que outrora me dava tanta segurança, a recuar e a adelgaçar-se como um cenário.

4. A solidão aprofundada e rompida

Na célula da consciência de si, o eu está fechado como numa prisão. Ele sofre por não poder nem sair de si mesmo, nem libertar-se de si mesmo. Ele está sempre só, e, no entanto, ele é a faculdade de comunicar-se com tudo o que é. É isso que faz dele um intelecto. Porém, essa faculdade de comunicar, só ele a conhece e só ele a exerce. Pode-se dizer que ela ao mesmo tempo rompe sua solidão e que a aprofunda.

Nunca deve haver complacência demais na consciência de si. Do contrário, ela fortalece em nós a inquietude e o desejo: ela converte o ser e a vida em objetos que o amor-próprio quer possuir e dos quais exige desfrutar. Porém, nisso não está de maneira nenhuma a descida à raiz mesma do ser e da vida. Nesse interesse exclusivo que ele mostra por si mesmo, o eu pensa levantar-se, mas acaba por fraquejar. Afinal, ele deve toda a sua existência ao objeto que ele conhece e ao ser que ele ama. Assim, é preciso que ele saia de si para conhecer e para amar, isto é, para dar-se a si mesmo a existência que inicialmente pretendia apreender. É só então que ele descobre o segredo do conhecimento e o segredo do amor.

Acontece que a solidão é para nós uma tentação, e é preciso muito artifício para mantê-la e para defendê-la. Porém, o sábio nela só procura uma espécie de exercício espiritual que deve provar seu valor e sua fecundidade naquelas relações com o exterior que ela de início tinha aparentemente abolido. É só então que aprendemos a viver como imaginávamos que era preciso viver quando estávamos a sós. Se na solidão formamos a ideia de uma sociedade perfeita com nós mesmos, com o universo e com todos os seres, é o retorno no mundo que, por uma espécie de paradoxo, ao interromper essa solidão, realiza-a e a obriga a dar seu fruto.

5. O encontro com outro homem

Há uma emoção que é inseparável do encontro com todo homem que achamos em nosso caminho. E essa é uma emoção cheia de ambiguidade, misturada com temor e com esperança. O que se passa atrás desse rosto que se parece com o nosso e que vemos, ao passo que não vemos nosso próprio rosto? Será que ele nos anuncia a paz ou a guerra? Será que vai invadir o espaço em que agimos, restringir os limites da nossa existência e nos expulsar do estreito domínio que ocupamos para estabelecer-se nele? Ou, ao contrário, será que ele vem alargar nosso horizonte, prolongar nossa própria vida, aumentar nossas forças, secundar nossos desejos, criar conosco aquela comunicação espiritual que nos tira da nossa solidão, introduzir no diálogo que mantemos com nós mesmos um interlocutor verdadeiro, que não é mais o eco da nossa própria voz e enfim nos faz ouvir uma revelação nova e inesperada?

Essa emoção, sempre a experimentamos diante de outro homem, diante daquele que julgamos melhor conhecer e que mais amamos; diante de todo ser que não é nós, mas que é, como nós, provido de iniciativa, vivo e livre, capaz de pensar e de querer, e que, sentimos, a menor atitude pode alterar a natureza dos nossos sentimentos e do nosso pensamento, e do nosso próprio destino. A história de nossas relações com ele é a história mesma dessa emoção que ele não para de nos dar, das alternativas por meio das quais ela passa, das promessas que ela anuncia e que o desenlace deve ora cumprir, ora desenganar.

Porém, acontece de ela abolir-se quase imediatamente, de o temor e a esperança que nela se confundiam pouco a pouco se apagarem. O ser que passou na nossa frente voltou a ser um passante que para nós não é mais importante do que as pedras do caminho. Nós o devolvemos vivo ao nada do qual nosso olhar o tinha tirado por um instante. Essa ansiedade tão rica de possibilidades inseparáveis e contrárias que tinha acompanhado nosso primeiro encontro, por meio do qual nos interrogávamos a respeito de uma aventura em seu começo, expirou desde os primeiros passos. Naquele momento, tremíamos por ignorar se era o caso de aqui desejar a presença ou a ausência, se o que ia nascer era o amor ou o ódio, se nos seriam dados mais dons ou mais feridas. E já pressentíamos que, nos laços mais estreitos, todas essas coisas, em vez de excluir-se, vinham ao mesmo tempo em nossa direção.

6. Reciprocidade

Não é o caso de surpreender-se se o desejo mais profundo que governa nossa conduta é encontrar outros homens com os quais gostaríamos de viver, ou, quando temos mais modéstia e menos confiança, com os quais apenas suportaríamos viver. Afinal, efetivamente sentimos que não há para o homem nenhum outro problema além de saber como ele conseguirá entender-se com os outros homens. E todos os males da vida vêm da impossibilidade em que ele está de chegar a isso.

O testemunho mais discreto de uma separação entre um outro ser e eu basta para suspender todos os meus movimentos interiores, não apenas aqueles que me dirigiam para ele, mas aqueles mesmos pelos quais, na solidão, meu pensamento se entregava a seu próprio jogo. O menor sinal de comunhão, sem que precise ser voluntário, nem mesmo consciente, basta para reanimá-los, para abrir diante deles o infinito do espaço espiritual.

Porém, com frequência acontece de essa mesma presença dos outros homens, que esperávamos que se tornasse o campo de expansão de nossa liberdade e a fonte mais profunda da nossa alegria, presença que tínhamos não apenas aceitado, mas desejado e amado, essa presença, ao contrário, nos restringe e nos entristece, e temos dificuldade de tolerá-la. Contudo, não esqueçamos que, quando começamos a manter com nós mesmos um diálogo comparável àquele que mantemos com os outros, nem sempre conseguimos tolerar aquilo que somos. Afinal, há em nós um ser cheio de exigências e diante do qual indivíduo nenhum, inclusive aquele que é nós, é capaz de encontrar graça. Porém, o que define a paciência é aprender a sofrer em nós e fora de nós todos os mistérios do ser individual, e o que define a caridade é aprender a levar-lhes socorro.

A maioria dos homens é mais rude, é verdade, com os outros do que consigo mesmo. E a marca da virtude, ao que parece, é inverter essa ordem natural. Porém, não se ignorará que o eu que está em nós é também alguém diferente de nós, e que aquele que não lhe mostra doçura nenhuma nunca a mostrará a ninguém: e pior ainda seria se ele a fingisse.

Sem dúvida erro se reclamo do tratamento que os outros me fazem suportar. Afinal, ele é sempre um efeito e uma imagem do tratamento que lhes inflijo. Porém, se me entristeço por não ser suficientemente amado, é porque eu mesmo não tenho amor suficiente. É a faculdade de acolhimento que está em mim que faz com que os outros me acolham, e eles só me repelem se no fundo de mim mesmo já os repeli. Ora, o homem é feito de tal modo que essa reciprocidade lhe escapa: ele tenta ser notado por aqueles que lhe são indiferentes e estimado por aqueles que despreza. «Porém, com a medida com que tiverdes medido, também vós sereis medidos.»

Não paro de acusar os outros homens: fujo deles como se os desprezasse e não quisesse mais conhecê-los. Porém, não posso dispensá-los. Esse desprezo com que os trato é apenas o sinal da necessidade mesma que tenho de estimá-los; e ele me dita o dever que tenho perante eles, que é dar-lhes amor o suficiente para torná-los dignos da minha estima.

7. Consciência de si e de outrem

Ser é sempre mais do que conhecer. Afinal, o conhecimento é um espetáculo que damos a nós mesmos. Assim, não existe nada que nos seja mais desconhecido do que o ser que somos; nunca chegamos a dissociar dele a nossa imagem. Num certo sentido, posso dizer, de todo homem, que ele sabe de mim mais do que eu mesmo: porém, para ele, isso não é uma vantagem. Afinal, não é preciso saber com enorme exatidão aquilo que se é para ser totalmente aquilo que se é.

É natural que eu conheça os outros melhor do que a mim mesmo, pois estou totalmente ocupado em fazer-me. E é por isso que existe tanta vaidade, tantas falsas aparências e tanta perda de tempo nesse cuidado com que me considero, que me retarda quando tenho de agir; tenho de abandoná-lo a outro, que não está de maneira nenhuma encarregado diretamente daquilo que vou me tornar, e que, ao contrário de mim mesmo, se interessa mais por meu ser realizado do que pelo ato que o realiza. Ele só enxerga em mim o homem manifestado, aquele que se distingue de todos os outros por seu caráter e por suas fraquezas, e não o homem que quero ser e que sempre busca superar sua natureza e curar suas imperfeições. Sinto indefinidamente em mim a presença de uma faculdade que ainda não foi de maneira nenhuma exercida, de uma esperança que ainda não foi de maneira nenhuma desenganada. Outro só observa em mim o ser que posso mostrar, e eu, o ser que nunca mostrarei. Ao contrário daquilo que ele faz, tenho sempre os olhos fixados naquilo que não sou e não naquilo que sou, no meu ideal e não em meu estado, no termo dos meus desejos e não na distância que me separa dele.

O mal-entendido que reina entre os homens sempre vem da perspectiva diferente com que cada qual se mira e mira os outros. Afinal, cada qual só vê em si suas faculdades e, no outro, só vê suas ações. E o crédito que ele dá a si mesmo é recusado ao outro. Começa a uni-los um parentesco a partir do momento em que, ultrapassando aquilo que os dois podem mostrar, eles confiam mutuamente um no outro, o que já é uma cooperação muda.

Porém, o egoísmo produz uma cegueira que, no momento em que descubro em mim um ser que sente, que pensa e que age, só deixa aparecer nos outros objetos que tenho de descrever ou instrumentos dos quais posso me servir. Assim, não é de admirar que aquele que conhece todas as coisas em si não se conheça a si mesmo, nem que, por motivos de sentido contrário, cada qual permaneça ao mesmo tempo desconhecido de si e dos outros.

O mais difícil em nossas relações com os outros seres é aquilo que parece talvez o mais simples: é reconhecer essa existência própria que os torna semelhantes a nós e no entanto diferentes de nós, essa presença neles de uma individualidade única e insubstituível, de uma iniciativa e de uma liberdade, de uma vocação que lhes pertence e que temos de ajudá-los a realizar, em vez de nos mostrarmos ciumentos, ou de dobrar para conformá-la à nossa. Para nós, essa é a primeira palavra da caridade, e talvez também a última.

8. O pintor e o retrato

Nosso olho, diz Platão, se percebe na pupila de outro olho. São os outros que me revelam a mim mesmo. Vivencio aquilo que penso e aquilo que sinto sobre os pensamentos e sobre os pensamentos que eles não param de mostrar-me e, por assim dizer, de propor-me. E seus atos me devolvem a imagem daquilo que sou, seja porque eles repetem os meus, seja porque respondem a eles.

Inversamente, entender alguém é descobrir em si todos os movimentos que se observam nele, é abandonar-se a si mesmo por um momento, de modo que, no instante em que se pensa acompanhá-los, é a si mesmo que se acompanha. Assim acontece de esses movimentos serem antecipados.

Os seres não podem de maneira nenhuma conhecer-se separadamente, mas apenas por uma comparação mútua que destrói as semelhanças e as diferenças entre eles. Essa comparação em que cada um descobre e vivencia suas próprias faculdades sem dúvida tem seus perigos: afinal, ela ora nos pede uma imitação em que nosso ser próprio, a pretexto de enriquecer-se, se anula num ser de empréstimo, ora um aviltamento em que julgamos elevar-nos ao rebaixar tudo aquilo que nos falta.

No entanto, todo encontro, ao mesmo tempo pelas resistências que provoca, pelo esforço que exige, pela luz que faz nascer, por um acordo secreto que subitamente ele nos permite pressentir, mostra-nos até que ponto o conhecimento de si e o conhecimento do outro estão mesclados.

Isso é fácil de ver no exemplo do pintor que, quando faz seu próprio retrato, faz no entanto o retrato de um outro e, quando faz o retrato de um outro, faz também o retrato de si mesmo. Afinal, ele só pode pintar aquilo que ele não é, aquilo que se distingue dele, e que se contrapõe a ele. Assim, ele se obriga, ao pintar-se, a descobrir, de si, o rosto mesmo que os outros veem. Porém, o retrato que ele faz de um outro é uma obra que vem dele mesmo e que mostra a todos os olhares aquilo que de outro modo ninguém veria, e que é sua própria visão invisível do mundo. Conhecer-me é ao mesmo tempo fazer de mim um outro e confrontar-me com um outro. Conhecer você é penetrar em mim e me encontrar em você: descubro em você o espetáculo de um ato que não só apreendo em mim no seu exercício puro.

Assim, nunca procuro num outro nada mais do que um reflexo de mim mesmo, cujos traços são às vezes inversos dos meus e complementares a eles, às vezes mais acentuados e às vezes mais atenuados. Porém, eles só têm sentido se experimento em mim essa vida mesma à qual eles dão uma forma. Todos os seres devolvem uns aos outros sua própria imagem, ao mesmo tempo fiel e infiel, e até mesmo na solidão.

Em cada um de nós há vários personagens: um personagem de vaidade que se reduz ao espetáculo que tenta oferecer e que só tem pelo outro um olhar de desprezo e de ciúme, um personagem cheio de timidez e de ansiedade, envergonhado por atrair o olhar para si, mas porque ele sente em si ainda outro personagem, mais profundo e mais verdadeiro, que sempre parece fugir-lhe, e que o personagem que ele mostra não para de trair. Só há encontro espiritual verdadeiro quando esses dois seres conseguem despertar um no outro esse personagem secreto no qual eles se reconhecem, mas, ao mesmo tempo, se ultrapassam e se unem.

Ninguém exige de outro, e talvez ninguém perdoe, que este lhe transmita aquelas emoções demasiado familiares que o confirmam em seu próprio estado. A comunicação com um outro ser só pode acontecer acima deles mesmos, graças àquele movimento pelo qual cada um deles, não pensando mais em si, mas apenas no próximo, com o fim de ajudá-lo para convocá-lo a uma vida superior, imediatamente recebe dele essa mesma vida que aspira a lhe dar. Dir-se-á que, como todos os cumes, o cume da consciência é tão mais solitário quanto mais alto for. Porém, apenas ele, que atrai todos os olhares, é capaz de reuni-los.

SER SI MESMO

1. Polifonia da consciência

O drama da consciência é que, para formar-se, ela precisa romper a unidade do eu. Em seguida, ela se exaure para reconquistá-la, mas não conseguiria sem se abolir.

A consciência, que é um diálogo com os outros seres e com o mundo, começa portanto sendo um diálogo consigo. Precisamos de dois olhos para ver e de dois ouvidos para ouvir, como se só conseguíssemos perceber qualquer coisa por um jogo de duas imagens semelhantes e no entanto diferentes. Aliás, nem a visão nem a audição são alguma vez exercidas a sós, mas se referem uma à outra, ou ainda a algum outro sentido, que elas despertam e que lhes acrescenta. Assim se forma uma espécie de polifonia em que todas as vozes da alma respondem a todas as vozes da natureza.

E mais: a percepção nunca está sozinha; ela sempre suscita uma ideia, uma lembrança, uma emoção, uma intenção que por sua vez ressoam nela e instituem em nós novos diálogos entre o presente e o passado, entre o passado e o futuro, entre o universo e o intelecto, entre aquilo que pensamos e aquilo que sentimos, entre aquilo que sentimos e aquilo que queremos. Enfim, a consciência sempre cria uma lacuna entre aquilo que somos e aquilo que temos, entre o que temos e o que desejamos: e ela sempre busca preenchê-la sem jamais conseguir. Quando minha sinceridade me interroga, seu objeto é volúvel demais para que ela possa vir a satisfazer-me; ele é complexo demais para que ela possa expressá-lo sem alterá-lo e sem mutilá-lo.

A dificuldade de ser sincero é a dificuldade de estar presente naquilo que se diz, naquilo que se mostra, com a totalidade de si mesmo, a qual sempre se divide e da qual somente certos aspectos são mostrados, entre os quais nenhum é verdadeiro. Porém, a consciência mais reta, no momento mesmo em que opta por uma posição, de maneira nenhuma esquece os outros: ela não os recalca no nada e, sem se consumir por causa deles em lamentos estéreis, ela gostaria ainda de introduzir, na posição mesma que assume, sua essência positiva e seu sabor original.

A lógica e a moral nos habituaram a pensar e a agir segundo alternativas, como se sempre fosse necessário dizer sim ou não, sem que nunca houvesse terceira opção. Porém, esse método só convém a almas um pouco rígidas e que não sabem que a terceira opção não está entre o sim e o não, mas num sim mais alto que sempre harmoniza, um com o outro, o sim e o não da alternativa.

2. Cinismo

Cada um de nós é para si mesmo objeto de escândalo no momento em que pensa, nessa comparação cínica que faz entre o que ele é e o que ele mostra, que não existe homem nenhum no mundo a quem ele ousaria revelar todos os sentimentos que atravessam sua consciência, ao menos como vislumbres fugidios. Parece-lhe até que ele não poderia considerá-los perto demais sem enrubescer.

Isso porque em cada homem está o homem inteiro, com o melhor e com o pior. Porém, a sinceridade verdadeira não está em considerar como coisas reais, e que já nos pertencem, todos esses impulsos obscuros, todas essas veleidades incertas, todas essas tentações indecisas que se esboçam em cada um de nós, antes mesmo que tenhamos começado a deter-nos nelas e a dar-lhes alguma consistência: está em atravessá-los para descer até o fundo de nós mesmos, a fim de aí procurar aquilo que queremos ser. Ora, há uma sinceridade aparente que descobre com terror aquilo que queremos ser, que é somente aquilo que poderíamos nos tornar caso nossa vigilância subitamente se interrompesse.

Isso porque a consciência contém em si a ambiguidade dos possíveis: ela é o princípio de todos os desencorajamentos e de todos os fracassos caso se procure nela uma realidade já formada e não o poder mesmo que a forma. Assim, ser sincero não é contentar-se em expressar todos os sentimentos nascentes e dar-lhes corpo por meio da palavra antes mesmo de ter realizado o único ato interior que pode torná-los nossos. E é somente pelo consentimento que lhes damos que podemos ser julgados.

Assim, a sinceridade com frequência aparece como uma conversão em que, ao reconhecermos que nossa vida é má, já começamos a mostrar que ela é boa. É isso que explica por que, como foi tido, aquele que faz uma confissão que o transforma supera a vergonha da confissão. Se a luz com a qual envolvemos nosso passado, ao purificá-lo, nos reconcilia com ele, é porque ela obriga a ação mesma que realizamos a evocar uma potência da qual a partir de agora queremos fazer um uso melhor. E não é o caso de admirar-se que o homem pelo qual temos o mais vivo e mais apaixonado interesse seja não aquele que está libertado de todos os vícios, mas aquele que, ainda continuando a sentir seu aguilhão, com ele aguça toda a sua vida espiritual.

3. O ator de si mesmo

É o homem com mais espírito que corre o maior risco de tornar-se o ator de si mesmo. Ele nunca se contenta com o que encontra em si. Ele não para de alterar isso, repensando-o. Para ele, seu ser verdadeiro está sempre aquém ou além de seu ser presente; ele nunca consegue distinguir aquilo que imagina daquilo que sente. Em si, ele encontra mil personagens. Ele concebe mil possibilidades que ultrapassam de todos os lados a realidade tal como lhe é dada. Ele precisa se esforçar para voltar-se a ela, para prender nela seu olhar e chegar bem perto dela, quando muitas vezes bastariam um pouco de simplicidade e um pouco de amor para chegar a ela sem tê-lo desejado.

Isso porque, quando olho a mim mesmo, ali está um outro, que é o espectador ao qual me mostro e que é sempre semelhante a um espectador estrangeiro junto ao qual apenas apareço: não sou mais um ser, mas uma coisa, uma aparência que já se compõe. O diálogo de Narciso não pode acontecer sem uma duplicidade: ser duplo é a própria consciência. E essa distância entre aquilo que sou e aquilo que mostro é o produto da reflexão e do esforço que faço para ser sincero, de um modo tal que nunca tenho a impressão de conseguir. Assim, a sinceridade é sempre um problema, e ninguém pode julgar nem a dos outros, nem a própria.

4. A impossibilidade de enganar

Nas relações dos homens entre si, forma-se um ser aparente que sempre toma o lugar do ser real. Isso supõe uma abdicação de si e uma humilhação de si que não são suficientemente notadas porque um subterfúgio indigno as mascara; afinal, nosso ser real quer também tirar vantagem da opinião que se tem do nosso ser aparente.

Porém, será que posso verdadeiramente esperar que tomem a aparência que mostro pela realidade que sou? Em cada uma das minhas palavras, em cada um dos meus gestos, é observada ora uma marca de amor-próprio que não engana ninguém, ainda que se possa deixar crer nisso, ora uma confissão esperada, espreitada, e no entanto quase inútil, da qual uns se apossam para socorrer-me, e os outros, para me esmagar.

Dissimular é mais difícil do que se pensa. O corpo, a voz, o olhar, o rosto não são apenas testemunhas, mas o ser mesmo, e, para um observador suficientemente fino, eles traem a intenção mais secreta, inclusive aquela de não trair nada, como se vê na lenda daquela menina nórdica que nunca contava mentira nenhuma por medo de que a pedra de seu anel mudasse de cor. É isso que acontece ao rosto mais firme e mais audacioso. E, se o rosto permanecesse o mesmo, o olhar, que é mais sutil, seria alterado por ela, ou então aquela harmonia quase imperceptível que dá ao ser sua atitude mais natural.

Sempre se fala da recusa ou do pudor de entregar-se. Porém, existe uma incapacidade igual de entregar-se e de não se entregar. Afinal, a sinceridade é ambígua, e pode-se dizer que não há nada mais difícil do que mostrar-se ou esconder-se. Muitas vezes, não há nada mais difícil do que fazer com que outra pessoa enxergue aquilo que estou tentando mostrar-lhe. A sinceridade a que posso chegar depende tanto dela quanto de mim. E, aquém da sinceridade voluntária, há uma sinceridade possível que a amizade mede e que ela vivencia.

Inversamente, também a dissimulação supõe a cumplicidade mútua desses dois seres que estão um na presença do outro, que aceitam, ambos, conceder mais realidade ao que mostram do que ao que escondem, que recusam-se a confessar a si mesmos que miram exclusivamente a realidade que querem ocultar, mas que sempre é vista de algum modo, assim como o ato que a oculta.

Porém, cada pessoa engana a si mesma antes de enganar os outros. Ela se deixa convencer por seu amor-próprio antes de tentar convencê-los. Ela é sua primeira testemunha e mede em si mesma o sucesso que poderá obter sobre os demais. Porém, mesmo que fracasse, ela não obstante continua na mesma empreitada desesperada. Afinal, os homens vivem de comum acordo num mundo de aparência e de fingimento: é nele que ressoam suas palavras, ainda que a verdade inteira esteja diante deles e que seja nela que mergulha seu olhar. A consciência desse desacordo pode até lhes proporcionar um gozo cruel.

5. O anel de Giges

Como, perguntarão, será possível não ser sincero se aquilo que sou coincide com aquilo que faço ainda mais do que com aquilo que penso? E se não há nenhuma lacuna entre o que faço e o que mostro, qual lacuna poderia haver entre o que mostro e o que sou?

Deixemos de lado essa insinceridade que é apenas uma vontade de mostrar o que não é: ela só engana o outro quando este não é suficientemente perspicaz, mas nunca engana a mim mesmo. Ela não passa de um meio momentâneo do qual me sirvo para atingir um certo efeito; porém, a vontade de produzi-lo imprime em mim mesmo uma marca da qual não me separo mais.

Os homens bem sabem que nada podem esconder daquilo que são. E, se eles dispusessem do anel de Giges, todos lhes pediriam o poder de conseguir isso. Afinal, ele dissimula nosso corpo, de tal modo que nos permite causar, no mundo das coisas visíveis, um efeito cuja causa permanece invisível e não pertence mais a este mundo: o que é, sem dúvida, um primeiro milagre. Porém, o milagre só se realizaria se o anel, ao tornar-nos invisíveis aos outros, também nos tornasse tão perfeitamente interiores e perfeitamente transparentes a nós mesmos quanto se transformasse em realidade o mito de Narciso na fonte. Felizmente, o anel não nos é dado. Ele seria para nós a provação suprema. A angústia da existência, o segredo da responsabilidade residem precisamente no ponto em que convertemos numa ação que todo mundo pode ver, e que inscreve no mundo sua marca inefável, uma possibilidade que de início só tinha existência para nós mesmos. Porém, como eles não dispõem do anel, a maioria dos homens se esgota, em suas palavras, em seu silêncio, e nas obras que realiza, para produzir uma imagem deles mesmos conforme não o que são, nem mesmo o que desejam ser, mas aquilo que eles desejam que se acredite que eles são.

6. *Sim ut sum aut non sim*[3]

O dever mais elevado, a dificuldade mais sutil, a responsabilidade mais grave, é ser tudo aquilo que se é, e assumir todo o ônus e todas as consequências disso.

---

3. Sou como sou ou não sou. [N. T.]

A franqueza me liberta ao me dar essa coragem. É a mentira que me prende.

O que define a consciência é obrigar-me a tomar posse de mim mesmo. E essa tomada de posse parece uma criação, pois consiste em realizar um ser possível, cuja disposição me é, por assim dizer, entregue. Porém, permanecer no estado de possível é não ser. Portanto, eu poderia não ser, não aceitar essa existência que me é oferecida o tempo todo. Mas não posso me tornar um outro que não sou. É contraditório que eu me torne outro sem abolir a mim mesmo. A mentira é a recusa, por parte do eu, de seu próprio ser.

Ser aquilo que se é: sem dúvida, não há nada mais difícil para o homem que começou a pensar e a refletir, a fazer a menor distinção entre sua natureza e sua liberdade. Será que ele seguirá apenas sua natureza quando, por outro lado, julga-a, reclama dela, e às vezes a condena? Ou será que ele porá sua confiança em seu poder de julgar e em sua liberdade de agir, como se não tivesse mais natureza? A natureza, porém, não se deixa esquecer: para reduzi-la ao silêncio, não é suficiente desprezá-la. É ela que disponibiliza para nós todas as nossas faculdades; a sinceridade as distingue e as emprega.

Ser sincero é descer ao fundo de si mesmo para aí descobrir os dons que nos pertencem, mas que só são algo por meio do uso que fazemos deles. É recusar deixá-los sem uso. É impedir que eles permaneçam enfiados no fundo de nós mesmos, nas trevas da possibilidade. É fazer com que eles apareçam à luz do dia, e que façam crescer aos olhos de todos a riqueza do mundo, que sejam como uma revelação que não para de enriquecê-lo. A sinceridade é o ato por meio do qual cada um se conhece e se faz ao mesmo tempo. Ela é o ato pelo qual cada um dá testemunho de si mesmo e aceita contribuir, segundo suas forças, para a obra da criação.

7. Encontrar aquilo que sou

No que diz respeito aos outros, a sinceridade é um esforço para abolir toda diferença entre nosso ser real e nosso ser manifestado: porém, a verdadeira sinceridade é a sinceridade para consigo; ela consiste não exatamente em mostrar aquilo que se é, mas em encontrar isso. Ela exige que, além de todos os planos superficiais da consciência, nos quais apenas vivenciamos estados, penetremos naquela região misteriosa em que nascem os desejos profundos e consentidos que dão a toda a nossa vida seu ponto de contato com o absoluto. Afinal, o olhar que dirigimos para nós mesmos produz em nós os melhores ou os piores efeitos segundo o objeto para o qual ele se volta e segundo a intenção que o dirige. Ou ele só considera nossos estados, para os quais sempre demonstra uma complacência excessiva, ou vai até sua origem e nos liberta de sua escravidão.

O que define a sinceridade é obrigar-me a ser eu mesmo, isto é, a eu mesmo me tornar aquilo que sou. Ela é uma busca da minha própria essência, que começa a adulterar-se a partir do momento em que empresto ao exterior os motivos que me fazem agir. Afinal, essa essência nunca é um objeto que contemplo, mas uma obra que realizo, a entrada em jogo de certas potências que estão em mim e que definham caso eu pare de exercê-las.

A sinceridade é portanto um ato indivisível de reentrada em si e de saída de si, uma busca que já é uma descoberta, um empenho que já é uma ultrapassagem, uma espera que já é um chamado, uma abertura que já é um ato de fé em relação a uma revelação sempre latente e sempre prestes a emergir. Ela é a ponte entre aquilo que sou e aquilo que quero ser.

Pode-se dizer que ela é uma virtude do coração e não da inteligência. «Ali onde está o seu coração está o seu verdadeiro tesouro.» Isso basta para explicar por que a sinceridade sempre traz infinitamente mais riqueza do que as mentiras mais reluzentes.

8. Trespassar o coração com uma espada

É preciso trespassar o coração com uma espada, diz Lucas, para descobrir seus pensamentos mais profundos. Porém, só a inocência é capaz disso. É muito equivocado dizer que ela não enxerga o mal: ela rasga todos os véus do amor-próprio; ela desnuda todo o nosso ser. Porém, assim é a virtude, que, como diz Platão, conhece o vício e a virtude, ao passo que o vício só conhece o vício.

A sinceridade consiste numa certa audácia tranquila por meio da qual você ousa entrar na existência do modo como você é. Porém, um duplo temor quase sempre a impede: do poder mesmo do qual você dispõe, e da opinião à qual você se expõe. É a passagem do mundo secreto para o mundo manifestado que cria nossa perplexidade.

Porém, cuidar das aparências é um excesso. Se sou por dentro aquilo que devo ser, também serei por fora.

Isso exige, é verdade, um despojamento do qual nem sempre sou capaz. Nem sempre recebo luz suficiente. Nem sempre tenho presença suficiente para mim mesmo. Nem sempre estou pronto para falar, nem para agir. Muitas vezes, preciso saber esperar. E a sinceridade exige muita reserva e muito silêncio.

Basta a consideração do juízo alheio para paralisar todos os nossos movimentos: ela nos deixa com vergonha exatamente daquilo que perfaz nossa superioridade, caso ela seja contestada ou não seja reconhecida. Porém, na solidão, é preciso agir como se estivéssemos sendo vistos pelo mundo inteiro e, quando você é visto pelo mundo inteiro, agir como se estivesse a sós. Mais ainda, a própria vaidade, se fosse grande o suficiente, não poderia mais contentar-se com a aparência, que quase sempre basta para alimentá-la; ela teria de aniquilar a si própria na infinidade de sua própria exigência, e não encontrar nenhuma satisfação além daquela que uma sinceridade perfeita poderia dar-lhe. É uma vaidade ainda fraca e miserável aceitar que a aparência pode ir além do ser; porém, cabe a ela ultrapassar-se sem cessar, e até se transformar em seu contrário, isto é, recusar precisamente que o ser nunca pode ser igual à aparência.

Existem dois tipos de homem: aqueles que só têm ouvidos para o amor-próprio e só pensam na imagem que apresentam de si mesmos, e aqueles que não suspeitam que essa imagem possa existir, nem que ela possa ser diferente daquilo que eles são.

9. Além de mim mesmo

A sinceridade obriga a calar tudo aquilo que, em mim, só pertence a mim mesmo, e a descobrir tudo aquilo que, em mim, parece uma revelação da qual sou o intérprete, de modo que ela só pode falar das coisas que estão em mim, mas sempre como se elas não fossem de mim. Ela traduz ao mesmíssimo tempo aquilo que em nós há de mais interior a nós mesmos e de mais estrangeiro a nós mesmos, a verdade de que estamos encarregados.

Você diz: «sou sincero», e julga resguardar o valor daquilo que diz ou do que faz. Mas que me importa a sua sinceridade se ela é a sinceridade de nada, se ela só me mostra os movimentos do seu amor-próprio e os tristes testemunhos da sua fraqueza e da sua miséria? Mesmo assim, você alega essa sinceridade ao mesmo tempo como desculpa e como orgulho. «É isso que eu sou, não estou enganando você quanto a mim. E esse ser que eu mostro tem, assim como você, seu lugar no mundo, e é iluminado com a mesma luz pelo mesmo Sol.»

Ora, essa sinceridade que você afirma no mais das vezes não passa de uma falsa sinceridade que não interessa a você nem a ninguém: ela não encontra em mim eco algum se não me revela nada além do que um fato sobre o qual nem você nem eu temos domínio. A sinceridade que espero, a única da qual tenho necessidade, que me torna atento, em você e em mim, a um destino que nos é pessoal e que no entanto nos é comum, é aquela em que vejo seu ser descrever-se não como uma coisa, mas se procurar, se afirmar e já se empenhar, tentar penetrar a essência mesma do real em que ambos estamos enraizados, a fim de aí reconhecer as marcas mesmas do que lhe é exigido, de uma tarefa que ele tem de cumprir e a qual começa a executar.

10. Verdade e sinceridade

É comum crermos que nada no mundo é mais fácil do que ser sincero, e que basta, para sê-lo, não alterar, nem imperceptivelmente, a realidade assim como nos é dada.

Mentir, dissimular, isso é interferir, isso é fazer a vontade própria agir, é trocar pelo ser uma imagem com a qual ele não coincide mais. O que é ser sincero, senão contentar--se em deixar as coisas serem o que são?

Porém, o problema é mais difícil. A partir do momento em que começo a falar e a agir, a partir do momento em que meu olhar se abre para a luz, acrescento algo ao real e o modifico. Porém, essa modificação é a criação mesma do espetáculo sem o qual, para mim, o real não seria nada. É quando eu olho o mundo que ele nasce à minha frente, como um espetáculo ondulado pela perspectiva e pelos jogos infinitos de sombra e de luz. No entanto, ninguém aceitaria que o real é criado por mim no ato mesmo que o apreende; ele possui certos traços que se impõem a mim apesar de minha vontade, e a respeito dos quais convoco o testemunho de outros homens. E assim consigo distinguir a verdade do erro.

Porém, a sinceridade não é a verdade. Assim, a arte do pintor traduz com mais ou menos sinceridade a visão totalmente pessoal que ele tem do universo. E, desta, só se pode dizer que é verdadeira. Contudo, ninguém aceitará que ser sincero consiste em reproduzir, tal como é, minha própria visão das coisas, ao passo que ser verdadeiro seria reproduzir, dentro dessa própria visão, as coisas tais como são. Afinal, é na qualidade dessa visão que reside minha sinceridade. Ela é o esforço mesmo que faço para torná-la sempre mais delicada, mais penetrante e mais profunda.

A verdade invoca uma luz que envolve tudo o que é, que me ilumina desde que eu abra os olhos. Pode-se perfeitamente dizer que a sinceridade mesma não é nada mais do que o simples consentimento à luz, mas com a condição de acrescentar que a verdade de que se trata aqui é a verdade mesma daquilo que sou, e que para mim não basta contemplá-la, mas que se trata, antes de tudo, de produzi-la.

Quase sempre se considera verdade a coincidência do pensamento e do real. Porém, como seria possível essa coincidência quando o real é diferente de mim? Pelo contrário, se a sinceridade é a coincidência de nós mesmos com nós mesmos, perguntar-se-á como é possível não ser sincero. Mas o amor-próprio cuida disso. O que define a sinceridade é vencê-lo. E pode-se dizer que, por oposição à verdade que tenta conformar o ato da minha consciência ao espetáculo das coisas, a sinceridade tenta conformar ao ato da minha consciência o espetáculo que mostro.

Assim, parece que somente ela é capaz de superar essa dualidade do objeto e do sujeito que os filósofos tornaram a lei suprema de todo conhecimento. Se Narciso se perdeu, foi porque quis introduzi-la em seu próprio coração. Ele julgou que podia se ver e gozar de si mesmo, antes de agir e de fazer-se. Ele não teve a coragem dessa empreitada incomparável na qual a operação vem antes do ser e o determina, dessa atitude criadora, da qual as matemáticas já nos oferecem um modelo no conhecimento puro, e que tem, na sinceridade interior, uma aplicação dramática a nós mesmos.

11. A sinceridade agente

Ser sincero é mostrar-se, mas fazendo-se. Não é falar, mas agir. Só que sempre somos levados a dar à palavra sinceridade um sentido menos pleno e menos forte: ela consiste, então, em falar de si com verdade. Porém, como falar com verdade de um ser que nunca está concluído, cada palavra e cada ação ainda acrescentando ao que ele é? Como falar com verdade de si sem um frêmito, sem um enrubescimento que altera tanto a verdade quanto o si mesmo?

Porém, a sinceridade tem de atingir, além de todas as palavras, uma intimidade invisível que as palavras sempre correm o risco de trair. Elas desenham apenas sua sombra. A sinceridade só aparece quando essa intimidade começa a encarnar-se, isto é, nos atos que determinam nosso ser mesmo e empenham seu destino. Isso porque a sinceridade não consiste em reproduzir, num retrato semelhante, uma realidade preexistente. Ela mesma é criadora. É uma virtude da ação e de maneira nenhuma apenas da expressão. Nosso eu não é nada mais do que um feixe de virtualidades: cabe a nós realizá-las. É numa realização que reside a sinceridade verdadeira. E é fácil de entender que seja possível não ser verdadeiramente sincero, seja por temor, seja porque achamos mais fácil ou mais útil ceder à opinião e renunciarmos a nós mesmos, seguindo a tendência a que nos leva o ambiente.

A sinceridade não distingue mais o ato por meio do qual você se descobre do ato pelo qual você se faz. Ela é ao mesmo tempo a atenção que desperta nossas faculdades e a coragem que lhes dá um corpo, sem o qual elas não seriam nada. A faculdade é o apelo que está em nós; a coragem é a resposta que lhe damos. A sinceridade não se contenta, como se crê, em perscrutar com lucidez impiedosa as intenções mais ocultas; ela obriga o ser secreto a cruzar suas próprias fronteiras, a tomar lugar no mundo, e a parecer aquilo que ele é.

12. O retorno à fonte

A partir do momento em que começo a agir, minha vida é encerrada numa situação: ela carrega o peso de seu passado; mil forças começam a arrastá-la; ela é um movimento no qual me descubro levado, e que não sei se padeço ou se causo. Porém, a sinceridade recusa todas as solicitações que me pressionam, ela me obriga a descer até o cerne de mim mesmo. Ela é sempre um retorno à fonte. Ela faz de mim um ser perpetuamente nascente. Ela nos liberta de toda preocupação com a opinião ou com as consequências. Ela nos leva à origem de nós mesmos e nos revela a nossos próprios olhos assim como saímos das mãos do criador, no primeiro jorro da vida, antes que as aparências exteriores nos seduzam e que tenhamos inventado qualquer artifício.

Ela nos mostra como somos, e não num retrato que ainda seria exterior a nós mesmos. Ela não tem necessidade nem de garantias, nem de juramentos. Ela é aquela perfeita clareza do olhar que não deixa espaço para sombra nenhuma entre mim e você, nem a sombra de uma lembrança, nem a sombra de um desejo, aquela perfeita retidão do querer que não deixa entre nós espaço para nenhum desvio, para nenhuma evasiva, para nenhuma segunda intenção.

Ela é, enfim, uma nobreza interior perfeita. Afinal, o homem sincero pede para viver sob o céu livre. Ele é o único que tem orgulho suficiente para nada dissimular de si, para não esperar nada além da verdade, para não se contentar em parecer, para estabelecer-se tão estreitamente no ser que este, para ele, não se distingue mais do parecer.

13. Diante do olhar de Deus

A sinceridade é o ato por meio do qual ponho a mim mesmo diante do olhar de Deus. Não há sinceridade nenhuma fora dele. Afinal, somente para Deus não há mais espetáculo nem aparência. Ele é ele mesmo a pura presença de tudo aquilo que é. Quando me volto contra ele, não há mais nada que conta em mim além daquilo que sou.

Afinal, Deus não é apenas o olho sempre aberto, para o qual não posso dissimular nada do que sei de mim mesmo, mas ele é a luz que penetra todas as trevas e que me revela como sou, sem que eu saiba o que eu era. Esse amor-próprio que me escondia de mim mesmo é uma veste que cai de repente. Um outro amor me envolve, tornando minha própria alma transparente.

Enquanto a vida persiste em nós, ainda guardamos a esperança de mudar aquilo que somos ou dissimulá--lo. Porém, a partir do momento em que nossa vida está ameaçada ou próxima de terminar, não há nada que importe além de nós mesmos. Só somos perfeitamente sinceros diante da morte, porque a morte é irrevogável e dá à nossa existência, que ela conclui, o caráter mesmo do absoluto. É isso que exprimimos ao imaginarmos o olhar de um juiz ao qual nada escapa e que, no dia seguinte ao da morte, percebe a verdade da nossa alma até em seus recônditos mais recuados. E o que significa esse olhar, senão a impossibilidade em que estamos de acrescentar ao que fizemos, de fugir de nós mesmos para um novo futuro, de distinguir outra vez do nosso ser real nosso ser manifestado e, no momento mesmo em que a vontade se torna impotente, de não abranger de maneira nenhuma num ato de contemplação pura esse ser agora concluído, e que até então não passava de um esboço sempre submetido a algum retoque?

Na sinceridade, não basta evocar Deus como testemunha. É preciso evocá-lo como modelo. Afinal, a sinceridade não é apenas ver-se em sua luz, mas realizar-se conforme sua vontade. Que sou eu, senão aquilo que ele me pede que seja? Porém, uma distância infinita se revela a mim de imediato entre o que faço e a faculdade que está em mim e que, no entanto, é meu único anseio exercer: porém, não paro de faltar com ela e, na proporção mesma em que falto, sou para mim e para os outros apenas uma aparência que um sopro dissipa, e que a morte abolirá.

Esse é o verdadeiro sentido que deve ser dado às seguintes palavras: «Se alguém se envergonhar de mim e das minhas palavras, também o Filho do Homem se envergonhará dele. Aquele que me reconhece neste mundo, eu o reconhecerei diante de meu Pai. Vim ao mundo a fim de dar testemunho da verdade».

A AÇÃO VISÍVEL
E A AÇÃO INVISÍVEL

1. Jogo da responsabilidade

Toda ação ao mesmo tempo nos traduz e nos trai. Ela é a expressão e a aparência de nosso ser mais profundo. Porém, ela é também sua prova. E só nos tornamos totalmente nós mesmos quando saímos de nós mesmos para agir, quando saímos do domínio da virtualidade pura para assumir um lugar no mundo e nele reivindicar uma responsabilidade.

Já somos responsáveis por nossos pensamentos. Afinal, assim como há um intervalo entre a intenção e a ação, há também um intervalo entre a intenção e o pensamento do qual ela procede, de tal modo que a responsabilidade pode ser sempre referida acima. Ela tem sua fonte mais profunda no ponto mesmo em que a consciência começa a se formar. Porém, ela vai se acusando mais e mais a cada uma das etapas desse progresso ininterrupto pelo qual ela emprega meios que a realizam e assume um corpo que a manifesta a todos os olhos. Ora, como o que define a responsabilidade é separar-me do mundo a fim de obrigar-me a assumir seu ônus, sou de certo modo responsável ao mesmo tempo por aquilo que você pensa e por aquilo que você faz, de modo que a responsabilidade sempre se torna mais sutil, sem que limite nenhum jamais lhe possa ser atribuído.

Não existe nenhum ato frívolo ou insignificante, isto é, que não empenha nossa responsabilidade, e a ordem inteira do universo espiritual. Assim, não é o caso de surpreender-se porque essa responsabilidade sempre encontra resistências, sem as quais ela não poderia nascer, e não permitiria que nossa ação nos pertencesse, isto é, se separasse da espontaneidade do instinto. Porém, essas resistências são encontradas em nós mesmos, e não apenas no universo exterior a nós. Elas marcam, através das dificuldades que cada ser experimenta ao tornar as coisas dóceis a si, as dificuldades mais profundas que ele vivencia ao criar a si mesmo, isto é, ao descobrir-se.

2. Responsabilidade reivindicada

Os homens mais fracos sempre tentam esquivar-se da responsabilidade antes de agir, e repeli-la após ter agido. Eles fazem mais esforço para desculpar-se do que para evitar ter de desculpar-se. Porém, eles esperam que lhes sejam pedidas explicações quando cometem alguma falta; e só estão dispostos a dá-las quando os acontecimentos parecem lhes dar razão. Eles não querem que sua responsabilidade seja empenhada de antemão no destino do universo, e não aceitam que ela lhes seja atribuída até que o universo já tenha se pronunciado por eles.

Por outro lado, os mais fortes, antes ou depois do ocorrido, sempre se procuram esse ônus. Eles buscam o tempo todo reivindicá-lo e aumentá-lo. Na hora de agir, sempre parece que a ação depende exclusivamente deles mesmos. Depois de ter agido, eles sempre se censuram por não terem feito o bastante. Com uma espécie de orgulho intemperante, eles atribuem a si como que uma onipotência que nunca julgam empregar bem o bastante. Eles têm indiferença demais ou desprezo demais em relação aos outros para reservar-lhes a menor parte de influência no resultado de sua empreitada. O sucesso deve vir por si e mal retém sua atenção. Porém, seu fracasso, ou o fracasso dos outros, se é a caridade que os guia, deixa-os descontentes, ansiosos, atormentados e inconsoláveis. Pouco importa a distância a que se encontram: eles querem carregar a culpa de todo o mal que conseguem descobrir neles, sem aceitar compartilhá-la nem com Deus, nem com seus semelhantes; afinal, seu olhar tem tanta sinceridade, tanta penetração e tanta profundidade que eles imediatamente discernem em si mesmos recursos infinitos dos quais não fizeram nenhum uso. Eles nunca conseguem pensar que a graça tenha podido faltar-lhes: eles sabem que ela é total e indivisível, mas nunca deixam de temer não terem sido dignos dela, ou não lhe ter respondido.

Porém, o homem mais corajoso, que sempre atribui a si mesmo a responsabilidade pelo fracasso, que pensa que não empregou os meios que eram necessários, que não teve decisão ou constância, também sabe reconhecer que a aparência do fracasso nem sempre é um fracasso verdadeiro, que não é o caso de julgá-la segundo a dor, nem segundo a relação entre projeto e acontecimento, mas segundo o fruto espiritual que o ato pôde produzir. Ele não acha que pode acontecer algo no mundo que não seja o efeito de uma justiça secreta cujos balanços são muito mais precisos do que os da nossa sensibilidade, e que obedece a leis de uma flexibilidade infinita, mas tão rigorosas quanto aquelas da queda dos corpos.

3. Elogio do trabalho

Os antigos diziam que os deuses se vingaram de Prometeu porque ele tinha ensinado os homens a trabalhar, isto é, a transformar a matéria com suas mãos, imprimindo-lhe a marca de sua inteligência: eles temiam que os homens então se afastassem deles e parassem de adorá-los. Assim, o trabalho era considerado uma rebelião contra Deus antes de ser considerado uma punição de Deus. Porém, podemos entender as coisas de outro jeito. O trabalho, diz Proudhon, é a manifestação visível da atividade moral: ele é a manifestação do ato criador e continua a obra mesma de Deus. Ele é, se se pode falar assim, uma emissão do espírito que submete a matéria, em vez de ser subjugado por ela. O trabalho libera a força da inteligência. Ele forma a pessoa ao transformar as coisas. Essa modificação pela qual ele faz a matéria passar a humaniza e a espiritualiza; porém, ela obriga o eu a sair de si mesmo, a ir além da contemplação solitária. Ele aproxima os seres uns dos outros na busca de um fim visível por todos, na edificação do mundo em que todos são chamados a viver. É por isso que o trabalho, ao passar da ideia, que só existe na consciência, ao ato, que interessa à própria economia do mundo criado, tende sempre a tornar-se um trabalho em comum. E em todo trabalho o homem visa o objeto e de maneira nenhuma a si mesmo, e, além do objeto, o próximo, ao qual se dirige por esse meio. A dedicação é o trabalho vivenciado e medido por seus efeitos. E o homem que morre a morte mais bela, morre de trabalho e de dedicação.

4. A atividade e sua obra

A atividade, enquanto é exercida, nos liberta de todas as servidões do corpo e da alma. Ela ignora ao mesmo tempo a obra que produz, ainda que saiba que nunca é estéril, e as regras às quais pretendíamos submetê-la, ainda que saiba que é incapaz de violá-las. Não existem duas formas de atividade, uma atividade material e uma atividade espiritual, pois não há movimento do corpo que não possa ser espiritualizado, assim como não há ímpeto da alma que não possa expirar num hábito do corpo.

É vão pensar que pode existir uma atividade pura que não abale o corpo e não sofra a resistência e o teste das coisas. Porém, a questão é saber onde está o meio e onde está o fim. É uma superstição pensar que o objeto da atividade é apenas transformar o mundo visível e buscar, por assim dizer, desaparecer na perfeição da própria obra. A inteligência sempre abandona essa obra atrás de si: ela não é nada mais do que o instrumento mesmo de seu exercício e de seus progressos.

O espaço é o caminho de todas as suas aquisições, mas não é nele que ela faz sua morada. É porque nossa atividade deixa um sulco no mundo do espaço que o mundo pode submeter-se a ela. Porém, essa vitória da inteligência sempre corre o risco de converter-se em derrota. Afinal, ela a inclina a pensar que sua função é dominar a matéria, como vemos na indústria. Ela vivencia então um contentamento em medir, em produzir e em fazer crescer incessantemente todos os efeitos visíveis que dependem apenas dela. Só que, ao submeter as coisas, ela se submete a elas. Ela se regozija com a facilidade, com a segurança, com a certeza que obtém ao agir nelas segundo regras implacáveis que sempre dão certo. Uma atividade que dispõe de um mecanismo tão científico para agir nas coisas, que se compraz com isso, e agora só cogita melhorá-lo, tornou-se sua serva. É uma atividade morta.

5. Os pássaros do céu e os lírios do campo

Lemos em São Mateus: «Não vos preocupeis, dizendo: o que comeremos?». Porém, aí está a preocupação de quase todos os homens, do adolescente, assim que deixa o lar de seu nascimento, do velho, ao qual só resta um passo para chegar ao túmulo. «O que comeremos?», perguntam os doutores da ciência econômica. Zombaríamos daquele que quisesse imitar os pássaros do céu e os lírios do campo. E quem ousaria imitá-los sem ele próprio estremecer?

Porém, isso é entender mal aquilo que nos é pedido. Afinal, agir como eles é escutar com fidelidade todos os apelos que nos vêm de dentro e responder com docilidade a todas as solicitações que nos vêm de fora; é recomeçar nossa vida a cada momento, é confiar todos os efeitos das ações que fizermos a uma ordem que está além de nós e que não podemos nem alterar, nem fazer prescrever. Não, de maneira nenhuma, que seja necessário entregar-se à fatalidade de maneira preguiçosa ou desesperada, caso nos inclinemos mais para a segurança ou para a inquietude: é nossa vontade mesma que tem de ser exercida em toda a sua força, exatamente de acordo com as circunstâncias em que estamos. Quanto aos efeitos produzidos, não é mais de nós que eles dependem, mas dessa ordem que reina no mundo e que nunca pode ser violada, ainda que nos caiba colaborar para sua manutenção: porém, ainda é ela que triunfa quando, da desordem da nossa vontade, surge a desordem das coisas.

O maior erro da humanidade, particularmente em nossa época, é pensar que se pode obter por um efeito exterior aquele bem supremo que reside apenas numa operação que a alma deve realizar. Os homens só pensam no gozo. Porém, eles despendem uma grande atividade exterior para criar os meios de tudo ter, afastando-se daquela atividade interior que os dispensaria de empregá-los, e cuja privação os impede de possuir aquilo que esses mesmos meios lhes trazem.

A infelicidade dos homens muitas vezes vem não de não agir o suficiente, mas de agir demais, ou no momento errado. Então, eles introduzem na ordem natural efeitos de sua vontade que, ao servir um de seus desejos presentes, violentam outros mais profundos, que despertam quando é tarde demais, e assim produzem algum grande abalo que eles não tinham previsto, e sob os quais lhes acontece de estar enterrados.

6. A ação visível

A única atividade que é real, eficaz e benfazeja é aquela que é exercida de maneira invisível. Muitos homens, pelo contrário, pensam que a essência de toda ação é modificar as coisas e conformá-las a seus desejos. Porém, com frequência acontece de essa ação que muda o aspecto do mundo tomar o lugar da ação real que altera as mentes e a substituir.

A ação mais profunda é também a mais oculta: parece que ela não produz nenhum efeito; no entanto, é ela que penetra mais longe, mas por uma irradiação que é imperceptível. Parece que ela não tem contato com o corpo, ainda que o transfigure. Sua perfeição é apenas produzir outras ações que parecem nascer de si mesmas e bastar-se: é fazer esquecer a fonte que as fez brotar.

É belo que a atividade verdadeira seja sempre invisível. É belo que o segredo de nós mesmos nunca possa ser violado, que a origem primeira de tudo o que fazemos esteja subtraída a todos os olhares, que não possa receber nem perturbações, nem máculas, e que no momento em que começamos a intervir na obra da criação, isso aconteça de maneira tão discreta que ninguém pode pensar que ela acaba de ser alterada e nela reconheça nossa mão.

Os olhos do corpo só apreendem acontecimentos, isto é, movimentos; eles de maneira nenhuma alcançam seu significado, isto é, o motivo e a intenção que os produzem. É preciso que toda ação possa ter a mesma aparência quando é realizada por egoísmo e por amor. Nenhum sinal exterior deve distinguir os sacrifícios mais puros das atitudes mais comuns: afinal, só o olhar do intelecto pode tornar a matéria transparente e reconhecer atrás dela a verdade espiritual que ela expressa, mas dissimula. Entre aqueles que fazem os mesmos atos, e que parecem nutrir--se dos mesmos pensamentos, uns são dominados pelas preocupações do interesse e do amor-próprio, ao passo que os outros não param de doar tudo. Os rostos, as palavras, as atitudes, os gestos habituais podem assemelhar--se para aquele que somente observa os corpos. Assim, as árvores vivas de maneira nenhuma se distinguem, durante o inverno, das árvores mortas. E, no entanto, há certas marcas delicadas que nelas dão testemunho da presença da vida, e que só podem ser apreendidas por aquele que traz a vida em si e que, à exceção de si mesmo, só tem atenção para ela. Porém, pode acontecer de aquelas que têm mais seiva e que, na época prescrita, ficam carregadas de folhas, de flores e de frutos, ainda enganem a experiência mais vigilante e mais atenta. A perfeição só é obtida quando a diferença entre a atividade material e a atividade espiritual é abolida, ou quando, contrariamente à ordem natural, a atividade material se torna invisível, e a outra, visível.

7. Ação de presença

A ação mais profunda é uma ação de pura presença: e todo esforço que fazemos para sustentá-la ou para acrescentar-lhe é a marca de sua imperfeição e de sua insuficiência. Sempre agimos para nos tornar presentes para a realidade, para nós mesmos, para os outros, ou para Deus. Ora, toda presença é espiritual, ainda que só se possa obtê-la atravessando e ultrapassando a presença sensível. Porém, acontece que esta, ao parecer preencher-nos, acaba por bastar-nos. Cremos que ela nos dispensa, e ela chega a nos impedir de realizar o ato pessoal e vivo que seria o único que poderia nos dar o outro. Por outro lado, quando a presença espiritual se produz, não temos mais necessidade de presença sensível. Não devemos cometer a fraqueza de desejá-la. Dizer que um ser age apenas por sua presença é dizer que os efeitos de sua ação se multiplicam sem que ele tenha necessidade de querer isso. É assim que Deus governa o mundo. E é assim que procede cada um de nós quando sua ação é a mais simples e a melhor. Então, porém, todos os nossos movimentos se desenvolvem e se concluem com tanta facilidade e naturalidade que somos, por assim dizer, levados por eles, até na iniciativa que os produz. Portanto, não é o caso de admirar-se porque a vontade, a partir do momento em que interfere, possa contrariá-los ao buscar secundá-los.

8. A perfeita simplicidade

A verdadeira simplicidade é invisível. Ela é toda pureza, toda transparência. Somente ela abole a diferença entre o ser e o parecer. Graças a ela, as coisas mais difíceis tornam-se as mais naturais. A maioria dos homens cogita apenas produzir no mundo uma marca ou um testemunho de sua passagem. Porém, todas as aparências perecem: e aquele que, querendo dar-se em espetáculo aos outros, só pensa em agir sobre elas, perece juntamente com elas. A simplicidade só conhece um modo inteiramente interior, ela nunca olha o lado de fora. O mais belo, segundo o Tao, não é fazer grandes coisas, nem dar uma grande imagem de si, mas, pelo contrário, não deixar vestígio nenhum no mundo das aparências, o que pode ser interpretado como não mais fazer nenhuma sombra e preservar a integridade de seu ser puro.

Os homens quase sempre sentem que o bem deve ser semelhante a uma ordem reencontrada, a qual é invisível e não é notada. É uma espécie de equilíbrio espiritual em que cada coisa ocupa o lugar que lhe pertence e que desejo nenhum, arrependimento nenhum, movimento nenhum nascido do egoísmo ou do ódio não podem mais alterar. Porém, os homens gostam de ser vistos. Eles julgam destacar-se violando a ordem, em vez de confirmá-la. E mesmo que para isso seja preciso tornar-se mau ou perverso, muitos, aos quais não é possível sê-lo, gostam de parecê-lo.

A ação mais eficaz, que é também a mais generosa, possui uma necessidade silenciosa, desmonta e ultrapassa todos os cálculos. Essa atividade que é, por assim dizer, sem movimento e sem objeto, que faz tudo e que é contestada, que é declarada impossível e que assim é impedida de nascer, os homens mais sábios e mais fortes não precisam nem a defender, nem a descrever; seu papel é exercê-la e fazê-la aparecer às claras.

É no silêncio e na solidão que todas as nossas forças nascem e se provam. A árvore alimenta com sua seiva todos os frutos que poderá carregar: porém, ela os ignora; não é a ela que lhe cabe vê-los, nem os comer.

9. O silêncio e as palavras

O silêncio é um efeito de prudência por meio do qual nos recusamos a nos deixar julgar ou empenhar. É também um efeito da ascese por meio da qual refreamos a espontaneidade de nossos movimentos naturais, desistimos de ser importantes aos olhos dos outros, de obter a estima deles, ou de exercer uma ação sobre eles.

No entanto, há ainda no silêncio uma espécie de homenagem prestada à gravidade da vida; afinal, as palavras formam apenas um mundo intermediário entre aqueles sentimentos interiores que só têm sentido para nós, mas que elas sempre traem, e os atos que mudam o rosto do mundo e cujo lugar elas muitas vezes ocupam. O homem mais frívolo contenta-se em falar, sem que as palavras exponham seu pensamento ou sua conduta. O mais sério é o que fala menos: ele apenas medita ou age.

As palavras só têm valor se são mediadoras entre a virtualidade do pensamento e a realidade da ação. E pode-se dizer que elas tornam o pensamento real, mesmo que ainda sejam apenas uma ação virtual.

É porque as palavras descobrem nosso pensamento e já lhe dão um rosto que começam a obrigar-nos. E, no entanto, elas não seriam confundidas com o ato verdadeiro; porém, elas o convocam e o prefiguram; elas nos tornam infiéis caso não o realizemos. Assim, as palavras estendem correntes em torno da nossa liberdade; e é preciso cuidar das próprias palavras caso se queira que elas não a prejudiquem, que a liberdade permaneça sempre um começo primeiro, uma relação sempre nova entre um querer sempre nascente e uma situação sempre imprevisível.

Uma palavra pronunciada basta para mudar o estado de coisas, mas sem que pareça que isso aconteceu. Ela abala as relações entre dois seres, mesmo que não revele nada além do que já sabem: porém, ela revela isso. Aquilo que ainda há pouco era apenas uma possibilidade até então em suspenso mostrou-se à luz do dia. Ninguém pode evitar levar isso em conta e, a partir de agora, minha conduta inteira depende disso.

E no entanto subsiste uma distância infinita entre aquilo que sou em meu próprio silêncio e aquilo que posso expressar ou traduzir. Porém, há uma força misteriosa do silêncio que é a força daquilo que sou, sempre maior do que a força daquilo que digo. Esse silêncio interior, essa ausência de todo olhar para o espetáculo que ele pode oferecer, devolve cada ser a si mesmo e o impede de hesitar ou de fingir.

Assim, estou mais próximo de você por meu silêncio do que por minhas palavras.

O amor mais profundo nunca recorre às palavras. Em suas manifestações mais sutis e também nas mais ardentes, romper o silêncio seria romper o amor: seria enfraquecê-lo para justificá-lo. Onde ele está, ele é uno, total e indivisível: não se pode mostrá-lo sem dividi-lo, sem pôr acima de sua presença, que nada ultrapassa, um testemunho que nunca lhe faz jus.

Isso vale para toda ação praticada, e até para a educação, a qual, mesmo quando parece depender das palavras, depende em primeiro lugar de uma presença pura, sempre ativa e sempre oferecida, mas que no entanto é tal que não precisa de solicitação nenhuma para atrair o olhar, nem de demanda nenhuma para que se lhe responda.

10. Rosto do sono

Toda faculdade da alma só se mantém pelos atos mesmos que produz: sem eles, ela definha e acaba se aniquilando. Há portanto muita vaidade em pensar que é preciso preservar essa faculdade em estado puro, como se seu próprio uso fosse gastá-la, corrompê-la ou dissipá-la. Ela deixa de ser exercida, e não é mais nada. O que é uma disposição interior da qual ato nenhum dá testemunho? Nesse sentido, sou aquilo que faço, e não, de maneira nenhuma, aquilo que posso, que é muitas vezes aquilo que acho que posso.

Dirão que, durante o sono, é minha consciência que dorme, subitamente pesada e preguiçosa? E que o que define a consciência é estar sempre desperta, ágil e ligeira? E se o rosto não apresentasse o testemunho de uma faculdade oculta que existe num e não no outro, onde estaria a diferença entre o homem inteligente que dorme e o tolo que dorme? Somente o efeito permitiria julgar isso. Aquele que preserva uma faculdade a vida inteira sem empregá-la nunca se distingue do tolo. Ele é apenas responsável por sua tolice; é, podemos dizer, um tolo voluntário. Mas qual, entre essas duas espécies de tolos, ousaria traçar uma linha de demarcação absolutamente segura?

No entanto, a essência de um ser é uma unidade indecomponível, que os traços particulares do caráter, as palavras, as ações isoladas alteram, em vez de traduzir. O movimento, dizem, revela-a, mas a divide. E é na imobilidade que ela nos apresenta uma infinidade de movimentos reais e possíveis que se compensam mutuamente, permitindo-nos apreendê-la com um único olhar, encerrada e como que inteiramente retida dentro de seus próprios limites, antes de qualquer manifestação que a rompa e a exteriorize.

A máscara não passa de uma imobilidade fingida. A fisionomia é uma imobilidade viva que prefigura e já começa mil movimentos ao mesmo tempo, tão mais significativos porque não têm necessidade de concluir-se.

Assim, é fácil entender que se tenha podido dizer que o verdadeiro rosto de um homem só se revela a nós durante o sono. Ele não age mais, não vigia mais. Sua vontade está suspensa. Também não o vemos naquilo que ele faz, mas naquilo que ele é, ou seja, em tudo aquilo que ele deseja fazer. Ora ele nos aparece com a calma de um Deus, e milagrosamente libertado de todas as preocupações de sua humanidade, ora perseguido e como que abatido por ela, ora escavado por um vinco ou por um sulco de desgosto, de desprezo ou de ódio, que as necessidades da ação ou a presença dos outros homens dissimulam ou apagam. E é para esconder-se a si mesmo que o homem se esconde para dormir.

11. Nossa essência fixada

Que farei da existência nesse longo intervalo de tempo que sempre penso ainda separar-me da morte, em que, para mim, tudo depende do que me poderá ser dado, e mais ainda da maneira como acolherei aquilo que me será dado? Há uma regra maior que devo sempre ter diante dos olhos: é preciso que cada ato da minha vida, cada pensamento da minha mente, cada movimento do meu corpo sejam como um empenho e uma criação de mim mesmo e testemunhem uma posição que assumo e minha vontade de ser daquele modo. É preciso que isso valha para cada frase que pronuncio ou que escrevo, e que, com demasiada frequência, contenta-se em descrever uma lembrança ou em designar um objeto.

Afinal, cada homem inventa a si mesmo. Porém, essa é uma invenção cujo termo ele desconhece: quando ela para, o homem se converte em coisa. Então, começa a repetir-se.

Porém, há muitas diferenças na maneira de repetir-se. Uns se repetem porque encontraram aquela unidade espiritual e sempre renascente da qual dependem seus atos: eles se estabeleceram numa eternidade em que aparentemente nada muda, mas em que, na realidade, tudo é sempre novo. Afinal, não existe novidade além da descoberta, a cada instante do tempo, da eternidade que nos liberta dele. E os outros se contentam em recomeçar certos gestos que aprenderam a fazer, precisamente por não ter encontrado a fonte interior de inspiração que fazia da própria repetição uma constante ressurreição espiritual.

Se passamos nossa vida descobrindo nossa própria essência e fazendo-a, parece que há um momento em que ela se revela e se fixa. Então vemos o indivíduo ora tornar-se prisioneiro de certos sentimentos que aprendeu a vivenciar, de certas ações que aprendeu a executar, e das quais permanece prisioneiro até a morte, e ora libertar-se, desabrochar e percorrer em todos os sentidos a infinidade do mundo espiritual no qual acaba de penetrar e no qual agora habita.

O nascimento fez minha existência pessoal surgir no universo imenso, mas com o fim de permitir que minha liberdade se exercesse e, por assim dizer, de escolher aquilo que eu seria. Porém, como eu a terei utilizado? Só saberei na morte, que é a hora de todas as restituições, em que minha solidão se consome, em que só posso levar comigo aquilo que dei a mim mesmo.

AS FACULDADES DA SENSIBILIDADE

1. O eu «sensível»

Às vezes rebaixamos o sentido da palavra «sensível» ao pensar que ela marca apenas uma certa fraquejada do corpo diante tudo aquilo que o surpreende e ameaça rompê-lo, uma falta de coragem que acaba com o domínio de si. E poder-se-ia mostrar que aquele que é sensível nem sempre é delicado nem terno, e que com frequência há na sensibilidade mais fraqueza do que humanidade, e mais amor-próprio do que amor.

Porém, a palavra *sensível* é tão bela que deve ser preservada de todos os usos que a aviltam, deixando-lhe a ambiguidade por meio da qual ela se inclina ora para o lado dos sentidos, ora para o lado do sentimento, sem nunca romper o ponto frágil que os une. Ela realiza entre eles uma espécie de equilíbrio e, desde que este se rompe, não temos mais do que as palavras *sensual* e *sentimental*, as quais mal ousamos utilizar.

Assim, vemos que há na sensibilidade um perigo incessante, que ainda redobra quando se pensa que, ao reportar ao eu tudo que acontece no mundo, ela corre o risco de comprometer, nele, todos os movimentos do amor-próprio e da caridade.

Porém, não permitiremos de maneira nenhuma que a sensibilidade seja separada do coração, ainda que a sensibilidade pertença às almas passivas e frágeis que apenas recebem, que estão sempre comovidas e sempre feridas, e que o coração seja o ímpeto das almas ativas, sempre prontas ao dom de si mesmas, e que são plenas de ousadia e de generosidade.

Não permitiremos de maneira nenhuma que a sensibilidade seja separada do amor, ainda que certas almas pareçam ter muita sensibilidade e pouco amor. Porém, a sensibilidade só tem profundidade quando procede do amor, se segue todos os seus movimentos e acusa todas as suas flutuações.

2. Um frágil equilíbrio

A sensibilidade abole a separação, mas de maneira nenhuma a distinção, entre o indivíduo e o Todo. Ela é o testemunho de sua presença mútua. Ela produz entre eles as comunicações mais sutis. Ela suscita, de um a outro, todo um jogo de chamados e de respostas que nunca se esgotam, sobre o qual hábito nenhum tem domínio, e que associa nossa vida ao real por laços tão estreitos e tão vivos que o conhecimento, por comparação, parece abstrato e descolorido.

Somente a sensibilidade nos revela o pertencimento, o ponto de conjugação entre o universo e nós. Ela é o encontro vivo daquilo que vem de nós e daquilo que vem dele. Em suas formas mais altas, ela expressa, como vemos pela alegria e pelo amor, um acordo entre a atividade e a passividade da nossa alma, entre aquilo que ela deseja e aquilo que lhe é dado.

Às vezes observamos que, no progresso da vida até a superfície da terra, os seres que no fim venceram não foram os mais fortes, os mais violentos e os mais brutais — afinal, o chão que pisamos é hoje seu ossuário —, mas aqueles seres frágeis e *sensíveis*, de ossos leves e finos, que existiam na idade da pedra, que logo encontraram um frágil equilíbrio entre suas necessidades e as forças naturais: atentos a todas as solicitações de dentro e de fora, incapazes ainda de distinguir entre uma invenção do pensamento e uma sugestão do instinto, eles pareciam pressentir em sua consciência nascente que a vida do corpo era apenas o prelúdio da vida do intelecto, que aquela devia servir de apoio para esta, e que esta um dia lhe seria sacrificada.

3. A sensibilidade do corpo

A sensibilidade supõe uma delicadeza do corpo que lhe permite ser abalado pelas ações exteriores mais sutis e pelas mais longínquas, discernir as nuances mais finas delas, vendo assim seu delicado equilíbrio o tempo todo rompido e o tempo todo restabelecido e se deixando invadir às vezes por uma espécie de tumulto que a consciência não consegue mais dominar. Por meio dela o mundo inteiro deixa de nos ser indiferente e estrangeiro: ele adquire uma espécie de consubstancialidade conosco; nosso corpo se aferra a ele por fibras tão secretas que nenhuma delas pode ser atingida sem que sejamos inteiramente afetados.

É admirável que, na sensibilidade, o corpo mesmo se veja penetrado por nós, que ele participe da consciência que temos de nós mesmos, que pareça expressar com tanta justeza o acordo ou o conflito que reina entre o universo e nós. A sensibilidade é o estado de um corpo que se revela a nós como nosso e que já se espiritualiza: nela, a revelação que ele obtém de si mesmo é tão aguda que é o próprio sinal de que ele começa a abolir-se, como efetivamente acontece naquele tipo de excesso em que ela está próxima de falhar.

Que a sensibilidade dependa tão estreitamente do corpo e de todos os movimentos que o agitam é ao mesmo tempo para ela uma exigência, pois ela só pode nos ligar ao universo por ele, e uma contradição, pois ela é a essência mesma de nossa intimidade, daquilo que, em nós, nunca pode tornar-se um espetáculo, como o corpo. Porém, pode-se sonhar com uma sensibilidade pura na qual a alma, deixando de sofrer a ação do corpo, tornar-se-ia dócil à sua. Ele nos permitiria perceber seus processos mais ocultos, sem ser ele mesmo percebido. E a distinção entre a alma e o corpo seria abolida: não porque o corpo mesmo fosse desaparecer, mas ele seria reduzido a sua função mais perfeita, que é ser a testemunha invisível da alma.

A sensibilidade ocupa todos os degraus na escada da alma, desde os mais humildes, em que ela ainda está presa ao chão, até os mais sublimes, em que ela o perde de vista. É preciso, inclusive, que ela nunca deixe de uni-los: de outro modo, ela sucumbe àquela complacência dos sentidos em que seu ímpeto interior se dissipa e se aniquila, ou se deixa consumir por um ardor espiritual que é incapaz de nutrir-se. São as alegrias da terra que ela tem de unificar, espiritualizar e levar até o céu.

4. A sensibilidade, eco do querer

Há nas coisas um atrativo sensível que nos dá, com elas, as comunicações mais íntimas e mais verdadeiras: em comparação, todos os esforços do pensamento puro parecem vãos e impotentes. Porém, não temos o direito de ceder a isso. Caso nos deixemos seduzir, logo nos tornamos escravos das coisas. O próprio atrativo sensível acaba definhando. Ele foi para nós uma promessa que não foi cumprida, um convite ao qual não soubemos responder.

Afinal, o que surpreende na sensibilidade é que ela parece um fim no qual a alma repousa: na verdade, ela é um colapso destinado a suscitar um ato da alma sem o qual não podemos possuir nada.

É sempre fácil fazer nascer na alma um interesse vivo o bastante para comover as potências da sensibilidade. Aí está um acontecimento que muitas vezes nos basta, mas que nos deveria fazer corar. Que vitória medíocre, ter conseguido surpreender você ao levar minha ação ao ponto em que você começa a sucumbir! O difícil é chegar até a sede da sua força, e não da sua fraqueza, em que a inteligência consente e a vontade decide, mas com um consentimento e com uma decisão que as empenham para sempre. Até aí, não há nada nas nossas relações que não seja insignificante e frívolo, e que mereça o trabalho de abrir os lábios ou de simplesmente mover o mindinho.

Porém, há um estado de certo modo constante da sensibilidade que, muito mais do que as alternâncias a que ela está submetida, dá à minha vida sua qualidade e a atmosfera mesma em que ela se banha. Ele está sempre em relação com uma opção profunda que não paro de fazer, com minha atitude essencial em presença do universo. Porém, o laço que os une é muito sutil; meu amor-próprio não para de duvidar dele; e para crer nele é preciso um ato de fé de uma simplicidade e de uma pureza extremamente raras. No entanto, é nesse momento que a sensibilidade recebe sua significação verdadeira, que ela nos estabelece num mundo espiritual em que descobrimos o valor mesmo de todos os atos que podemos fazer, e que nos obriga a pensar que nunca existe um inferno ou um paraíso além daquele que somos capazes de dar a nós mesmos.

Dizem que é nos movimentos da sensibilidade que reside nossa intimidade mais secreta: porém, há em nós um reduto ainda mais profundo, que é onde a vontade é formada. Na vontade, vamos além daquilo que somos: e a sensibilidade deve ser o eco daquilo que queremos naquilo que somos.

Ela já traduz com extrema fidelidade todas as inflexões da intenção e do desejo. Se com frequência ela parece surpresa por corpos inesperados, é porque nossos desígnios não regulam a ordem do mundo. Empreitada nenhuma jamais passa de um ensaio. Há sempre uma distância intransponível entre aquilo que obtenho e aquilo que eu esperava, a qual mede a distância entre minha vontade própria e a realidade sobre a qual ela age. A direção da minha vontade depende de mim; porém, eu mesmo produzo minha felicidade e minha infelicidade, sem tê-lo desejado, e por uma espécie de inversão, em que se descobre o efeito de uma necessidade que ultrapassa singularmente todos os recursos de que disponho.

5. A sensibilidade unida à inteligência

Não se deve considerar como verdadeiras marcas da inteligência a frieza, a indiferença e aquela reserva desconfiada que às vezes bastam para pôr um espírito crítico fora do ser e da vida. É a sensibilidade que faz nascer a atenção: ela acompanha todos os seus movimentos.

É ela que distingue, no mundo indiferente que nos cerca e ao qual o Sol oferece igualmente seus raios, zonas de interesse que solicitam nosso olhar antes que ele comece a penetrar nela. O mundo só se torna um espetáculo para nós porque procuramos nele o desabrochar de nossos desejos. Assim, não seria o caso de acreditar que, para chegar à realidade em si mesma, deva-se abolir em si a sensibilidade. É o contrário que é verdadeiro: seria o caso de levar o exercício até o último ponto, de maneira a torná-la capaz de acolher em si, se se pode falar assim, a totalidade do real.

O real sempre começa tocando-nos, e aquilo que nos toca é aquilo que já está unido a nós. Porém, ser tocado ainda não é entender, e a inteligência sempre vai além de todos os contatos. Ela abraça precisamente o que está além. Sua função própria é sempre recuar mais nosso horizonte e dar campo livre para nossa faculdade de pensar e de agir, além dos limites do nosso corpo. Porém, ela nunca o deixa completamente. Pode-se dizer que a inteligência nos faz sentir a presença de todo objeto ao qual ela se aplica por um toque mais sutil: no entanto, seria preciso acrescentar que, para ela, sentir ainda é apenas pressentir.

Há duas dificuldades de sentido oposto. Uma delas é poder ocupar com a sensibilidade todas as regiões da sua própria inteligência: aquém disso, a inteligência permanece abstrata, o que é seu traço mais comum. A outra é entregar-se aos movimentos da sensibilidade sem conseguir que a inteligência os ilumine. Neste caso, a inteligência permanece corpórea, o que muitas vezes parece bastar-lhe. É só no ponto em que elas chegam a coincidir que a ideia se encarna e se realiza, e que obtemos a consciência e a posse daquilo que somos; e esse mesmo fluxo da vida que nos cega e que nos leva caso seja vivenciado sem ser conhecido, passaria a ser indiferente e estrangeiro a nós caso pudesse ser conhecido sem ser vivenciado.

6. Uma balança sensível

Assim como o calor e a luz podem ser separados, e como se fala de calor obscuro e de luz fria, também a inteligência e a sensibilidade podem agir isoladamente. Porém, nas coisas espirituais, elas sempre são exercidas ao mesmo tempo; elas se casam e se fundem de modo tão íntimo e perfeito que não se distinguem mais. E, por um curioso paradoxo, cada uma delas dá à outra a penetração que lhe faltaria caso fosse exercida apenas por si.

Afinal, não basta pensar, é preciso sentir o que se pensa, e não apenas, como se diz, pensar que se pensa. Se o pensamento não interessasse à sensibilidade e não a comovesse, ela não seria propriamente meu pensamento; o eu não poderia nem reivindicar a responsabilidade por ela, nem sentir sua presença e seus efeitos. Porém, é essa união de uma inteligência tão impessoal e tão clara e de uma sensibilidade tão obscura e tão secreta que perfaz o diálogo perpétuo do eu não apenas consigo mesmo, mas com o universo.

Há, se podemos falar assim, uma sensibilidade intelectual na qual parece ao mesmo tempo que o real se torna presente para nós, e que ele penetra nossa intimidade num encontro felicíssimo, a verdade e a vida confundindo-se.

Afinal, a sensibilidade mais perfeita não é a mais violenta nem a mais arrebatada. Ela se parece com uma balança que pesa e que, em vez de enlouquecer, acusa as ações mais ligeiras por meio das oscilações mais lentas e mais duráveis. A sensibilidade mais tosca só conhece diferenças de intensidade; porém, estas só interessam ao corpo. A sensibilidade mais fina as ignora: ela as transforma em diferenças de qualidade. Ela nunca passa duas vezes pelo mesmo estado. Em cada estado, ela apreende aquela nuance infinitamente delicada que traduz a essência incomparável das coisas e a relação misteriosa que elas têm conosco. Na sensibilidade mais grosseira, a vontade está sempre sendo pega de surpresa, e na sensibilidade mais fina, ela está sempre consentindo.

É um fato digno de nota e muito rico em ensinamentos que haja apenas a espessura de um fio de cabelo entre a sensibilidade mais delicada e mais refinada, e a sensibilidade mais cega e mais descontrolada. Somente a inteligência a transfigura, a envolve de luz, e lhe dá a perfeição de um equilíbrio que, a partir do momento em que é perturbado, faz com que ela descambe para uma espécie de delírio. Se é o sentimento que carrega a inteligência e que a anima, é por sua vez a inteligência que esclarece o sentimento e que o pacifica.

E, no topo da consciência, toda a luz espiritual que nos é dada pauta-se por nossa caridade. Ela é como que uma espécie de resposta à nossa caridade e, se podemos falar assim, uma caridade que o mundo nos faz.

7. As derrotas da sensibilidade

A sensibilidade é em primeiro lugar dolorosa, e falamos de um ponto sensível para dizer que o menor contato que o atinge é para nós doloroso. Então entendemos que ela parece crescer, assim como nossa aptidão para sofrer. Como poderia ser de outro modo, se ela é em nós a marca da passividade, e se o ser que nasce para a vida, e que tem a experiência da própria força, tem de sentir como derrota todo estado que é obrigado a sofrer? Assim, toda limitação da atividade humilha a consciência, fazendo-a gemer.

A palavra *sensível* sempre evoca a ideia de uma ação exterior que nos toca e que já começa a nos dilacerar, que rompe aquela obscura solidão em que se preparam em nós todas as eclosões, que ora provoca em nós um ímpeto que a repele, ora avança em nós como uma fissura secreta. A vida está portanto sempre exposta como uma ferida aberta.

Há sem dúvida uma espécie de proporção entre o prazer e a dor que uma alma sensível é capaz de vivenciar. Porém, apesar do paradoxo, é talvez difícil ser acessível ao prazer, pois ele exige mais abertura, um consentimento mais simples, mais inteiro, e mais raro, de modo que é preciso ser capaz de superar o amor-próprio para reconhecer o prazer que sentimos e entregar-se a ele com abandono. Porém, o amor-próprio é com frequência mais forte do que nosso gosto pelo prazer. Afinal, o prazer nos humilha ao obrigar-nos a aceitá-lo; quanto mais o desejamos, mais nos custa deixar-nos vencer. É o contrário que acontece com a dor: ela produz em nós uma revolta que confirma nossa independência. E quando a aceitamos, é por um esforço que nos põe outra vez acima dela. Ainda mais, a dor mais aguda, mais profunda, e mais imerecida produz em nós uma espécie de complacência e dá ao amor-próprio um alimento de amargo sabor.

Será preciso que talvez um dia o homem outra vez aprenda a dizer sim ao prazer, assim como outrora aprendia a dizer sim à dor, e que no lugar de tirar uma espécie de vaidade da própria dor que é obrigado a suportar, mas contra a qual ainda fica indignado, ele supere a vergonha de confessar um prazer que sequestra seu consentimento.

8. Angústias da dor

A dor é a marca do nosso ser acabado. Porém, seria um erro grave ver nela apenas uma pura negação, como querem certos otimistas que, ao afastá-la, pensam elevar-nos e engrandecer-nos. Nem sequer basta dizer, segundo uma distinção que os filósofos tornaram clássica, que ela é uma privação e de maneira nenhuma apenas uma negação, a privação de um bem que desejamos e que às vezes conhecemos. Bem sabemos que ela é um estado positivo, com frequência mais positivo do que o prazer que dura pouco, sempre frívolo, cuja presença é ambígua e pode ser contestada, que sempre oscila como a opinião e que, exatamente onde ele é mais vivo, nunca deixa de nos distrair. A dor, ao contrário, se aferra a nosso ser real com uma preensão mais estreita e mais tenaz: ela perfura todas as aparências que o recobrem até o momento em que atinge os recuos profundos em que se abriga aquele eu vivo que se retrai nas trevas para escapar-lhe.

Ela lhe tira no mesmo lance a confissão de que está sofrendo e a confissão de que está vivo. É essa confissão que é procurada pela maldade da criança que tortura um animal, pela crueldade do tirano que gosta de ver suplícios, pela ironia do homem do mundo que mira num rosto a marca da ferida que causou. Essa alegria que é dada pela dor alheia é a marca da nossa vitória não sobre uma coisa, mas sobre a vida de um outro ser subitamente desnudada e que está em nossas mãos. Porém, precisamente porque a dor só atinge nosso ser finito, ela nos revela a realidade da nossa existência individual e separada. Ela nos desvela aquilo que somos a partir do momento em que o mundo chega a nos faltar, o que permanece de nós mesmos quando todo o resto nos é retirado. Quando o mundo está contra nós, de imediato medimos a tragicidade do nosso destino próprio. E os arrebatamentos da dor só nos parecem impossíveis de suportar porque cortam todos os fios que sustentavam nossa alma e nosso corpo no meio do universo imenso. A natureza já o faz por meio de todos os males com que nos carrega, e ela sabe muito bem como nos fazer sentir a assustadora miséria do nosso corpo. Quando a vontade perversa dos homens vem socorrê-la, a dor do corpo se apaga diante de uma angústia da alma que parece não ter remédio. Daí a verdadeira angústia espiritual: ela nasce do espetáculo mesmo dessa malícia voluntária que preenche o mundo, da qual nem sempre somos vítimas, que está também no fundo de nós mesmos, e que, ao obrigar todos os seres a alimentar com o sofrimento alheio o sentimento que têm do próprio poder, faz surgir entre eles sabe-se lá qual horrenda solidariedade.

Há na dor como que uma contradição: não estamos mais suficientemente agarrados ao ser, pois todos os elos que nos uniam a ele rompem-se um a um, tornando-nos semelhantes a um pedaço de carne que é arrancado do corpo que lhe dava vida; e nos agarramos com demasiada firmeza ao ser, pois ele são aquelas fibras que ficam sensíveis em todos os pontos em que não conseguem romper-se completamente; assim, não é de admirar que o homem que sofre tente fugir do mundo e da vida, e consumir na insensibilidade a solidão em que a dor o obriga a entrar.

9. A dor transfigurada

Os homens sem dúvida erram ao considerar a dor como o pior dos males e em pensar apenas em aboli-la. Mais do que ser ela mesma um mal, ela nos sensibiliza para o mal. E, por essa sensibilidade mesma, ela nos faz participar mais do ser e do bem.

Há dores que estão ligadas à essência mesma de nossa condição, e que se pode dizer que estão sempre presentes, ainda que uma certa cegueira ou uma certa indiferença possam muitas vezes fazer com que sejam esquecidas. Os seres mais profundos sempre tornam essa presença viva neles; e é somente assim que eles conseguem descer até a raiz da existência, aceitando-a por inteiro com coragem e lucidez.

Há dores que estão ligadas à dignidade da nossa existência e que não podemos nem esperar nem desejar que algum dia desapareçam. Ninguém duvida que seja uma desgraça, e de maneira nenhuma uma graça, ser incapaz de senti-las. Talvez até, se ousamos dizer, nossa maior humilhação seja, na presença de certos males que a inteligência nos revela, permanecer indiferentes.

O valor de cada ser depende sem dúvida da extensão, da sutileza e da profundidade dos sofrimentos que ele é capaz de experimentar: afinal, é o sofrimento que lhe dá as comunicações mais estreitas com o mundo e consigo mesmo. A extensão, a sutileza, a profundidade de todas as alegrias que ele jamais poderá conhecer têm a mesma medida. Porém, quem poderá, para escapar à dor, renunciar também à alegria e desejar a insensibilidade?

Assim, é preciso dizer que a dor não deve ser apenas suportada, nem mesmo aceita, mas que deve também ser desejada; uma consciência que tentasse embotá-la, embotaria seu próprio gume. Não basta dizer que se deve desejar a dor, assim como desejamos nosso destino ou a ordem do mundo: é a dor que aprofunda a consciência, que a escava, que a torna compreensiva e afetuosa; ela abre em nós uma espécie de asilo em que o mundo pode ser recebido; ela dá a todos os contatos que temos com ele a mais fina delicadeza.

Porém, é difícil carregá-la com firmeza e com doçura; a dor engendra as piores degradações, o estupor, a amargura e a revolta naqueles que, incapazes de acolhê-la e de penetrá-la, tentam sem sucesso rejeitá-la. É porque a dor vai buscar no fundo do ser o segredo de sua vida mais íntima e mais pessoal que ela reaviva nele todas as faculdades do amor-próprio. Nunca observamos nela aquele tipo de generosidade livre que com frequência acompanha os movimentos do homem feliz. Isso porque sua virtude é de outra natureza. O problema mais grave não é fazer a dor adormecer, porque isso sempre aconteceria à custa da sensibilidade, isto é, da própria consciência, mas transfigurá-la. E se toda a dor que há no mundo só nos deixasse como alternativas a revolta e a resignação, isso nos faria desesperar do valor do mundo; porém, essa dor só pode ter sentido se alimenta o ardor mesmo da nossa vida espiritual.

A dor é minha sem ser eu. Se o eu se inclina para ela de maneira a apenas confundir-se com ela, ele sucumbe.

Porém, ele também pode se distanciar dela sem deixar de senti-la, e com o fim de possuí-la. Num estado tão agudo, o indivíduo que está em nós está ao mesmo tempo presente e sobrepujado. E a dor se torna como que um queimar que devora a parte individual da minha natureza e que a obriga a consumir-se.

A INDIFERENÇA E O ESQUECIMENTO

1. As duas indiferenças

São conhecidas as palavras de Voltaire que parecem a definição mesma da indiferença radical: no fim do dia é tudo igual, e tudo continua igual no fim de todos os dias. Porém, é preciso perguntar: tudo é igual para o universo, ou tudo é igual para nós? Quem ousaria invocar sua própria experiência para dizer que tudo é igual para si? E, se quisermos que tudo seja igual para o universo, continua sendo verdade que essa igualdade do universo consigo mesmo pode ser para nós ora um objeto de admiração, ora um objeto de desespero.

No mesmo sentido, é-nos assegurado que tudo é verdadeiro, e que tudo pode ser dito. Mas nem por isso existe uma igualdade de valor entre as coisas que podem ser ditas. Do contrário, elas são apenas matéria de opinião. Somente os que podem pensá-las e vivê-las sabem o que dizem quando as dizem. E, que então ainda se possa dizer tudo, eis precisamente o sinal de que há no mundo uma infinidade de seres, cada um dos quais pode adotar uma perspectiva que lhe é própria, para nela empenhar seu próprio destino e sua própria salvação.

Porém, a indiferença é ora uma abdicação e uma morte da mente que aceita tudo o que lhe é dado e que desiste de introduzir no mundo a marca de sua ação, isto é, uma ordem que vem dele, ora, pelo contrário, o triunfo da mente que, sem reconhecer valor nenhum nas coisas mesmas, dá a cada uma delas um significado interior que faz com que ela seja, naquele lugar, naquele momento, a melhor de todas.

Sem dúvida existe uma indiferença que é um efeito do amor de si e um testemunho da dureza do coração. Porém, há outra indiferença que é uma vitória sobre o amor de si, e que, esquecida de todas as preferências particulares, descobre o absoluto de cada coisa e lhe atribui um lugar, uma posição, e um privilégio no Todo que ela contribui para manter.

2. Indiferença e delicadeza

A indiferença pode vir ou de um excesso de moleza que faz com que marca nenhuma possa ser gravada na alma, ou de um excesso de dureza que faz com que ela não possa ser encetada, e que com frequência tomamos por força. Porém, ela pode ser também o efeito de uma delicadeza extrema, de um pudor atento e arisco que também estremece, por dentro, diante da possibilidade tanto de romper seu próprio invólucro quanto de faltar com a discrição. Assim acontece de aquele que não se abandona, ou mesmo que luta contra todo abandono, ir além de todos os sentimentos aos quais os outros cedem sem enrubescer, e de ser censurado porque nunca os experimenta.

Aquilo que é chamado de indiferença às vezes é apenas um certo ardor do amor, mas que tem pudor demais para baixar o olhar para estados que só pertencem ao indivíduo, no momento em que nos marca ele mesmo com um toque que é o sinal de nossa origem divina: ele é a contrapartida do movimento puro que sempre leva o amor até aquele centro da alma em que se realiza seu destino espiritual. As marcas de uma ternura demasiado direta mal o retêm: ele as esquece logo. Essas são apenas abalos passageiros, aos quais ele é sensível demais — e se censura por isso —, porque lhe revelam uma forma de união na qual ele se recusa a comprazer-se, e que só tem valor quando é ultrapassada.

Pode haver aí uma caridade da qual devemos nos abster. Uma caridade inteiramente respeitosa, discreta, atenta e afetuosa, e que assume os traços da indiferença. Ela nos poupa de fixar em outro esse olhar que se detém e que o fere ou o avassala, como se vê em certas formas espontâneas e opressivas da simpatia: ela nos obriga a imolá-las. Ela libera em nós e nele uma atividade não apenas mais profunda e mais pessoal, mas também mais verdadeira e mais eficaz; ela ultrapassa a aparência para atingir a essência. Ela eleva cada indivíduo, exigindo dele o sacrifício de si que lhe abre um mundo novo em que o amor-próprio não é mais a lei.

Que não haja queixa nenhuma de uma aparente indiferença, que nem sempre é cega, nem negligente. Ela é com frequência a marca de um excesso num amor que penetra até o coração da existência mais miserável, mas que, em vez de expirar diante dessa miséria e de redobrá-la comovendo-se com ela, ultrapassa-a e já a levanta.

3. A indiferença em relação à dádiva

Às vezes se observa uma indiferença em relação aos serviços prestados que não é nem dureza de coração, nem falta de amor, nem um sinal de que eles eram considerados merecidos, e até mais do que merecidos. A indiferença, não exatamente aquela que é vista, mas aquela que é sentida, pode também ser o efeito da delicadeza. Afinal, é com frequência o amor-próprio que se mostra sensível no reconhecimento, ao passo que a generosidade que nunca pede nada em troca das dádivas proporcionadas, e que nem tem consciência de proporcioná-las, acolhe todas as que a ela se oferecem sem cogitar que a ela são dirigidas, nem que se beneficia delas. Ela não lida bem com a ideia de um mérito naquele que dá e de uma dívida naquele que recebe: ela repele esse caráter demasiado pessoal da dádiva, que faria reinar entre eles uma complacência um pouco terna demais. Ela aceita com simplicidade que a função de uns seja dar, e a função de outros, receber, ou que suas relações mudem segundo o tempo, as circunstâncias, os estados das pessoas e a natureza mesma das dádivas. Ela não sabe quais são os que têm sorte melhor.

Essa indiferença em relação ao interesse próprio em si e no outro pode ser a outra face de uma sensibilidade refinada em relação a uma ordem espiritual cujos efeitos ela observa com justeza, e que ela se alegra em manter. Essa indiferença desvia o olhar de tudo aquilo que o ser separado tenta manter, mas isso para obrigá-lo a deixar para trás todos os seus apegos, a pôr acima deles a ideia de um bem que é comum a todos e que tem em cada ser seu servidor. Aquele que é indiferente ao amor de si só se interessa pelos outros homens para obter deles a mesma indiferença ao amor de si mesmos. Ele busca apenas envolver com eles o universo inteiro numa comunidade de intenção e de desejo.

4. Indiferença e desinteresse

Há uma aliança notável entre o desinteresse e a indiferença. Afinal, o homem desinteressado deixa de interessar-se por si em todas as coisas, mas considera em cada uma delas o peso que lhe é próprio e, por assim dizer, seu valor no absoluto, de modo que, sendo indiferente a si, ele conhece as diferenças de todas as coisas, ou que ainda é capaz de gozar de tudo porque nunca pensa em gozar de si mesmo.

O que define o desinteresse é obrigar-nos a sempre andar sem nunca olhar para trás para medir o caminho que percorremos. Até no ato de pensar ele nos proíbe de nos determos na verdade para tomar posse dela e nos comprazermos com ela. Afinal, todo sucesso que podemos obter é um sucesso para o indivíduo que somos, e só pode exprimir-se por algum ganho do qual nos beneficiamos. Porém, na ordem espiritual, é o efeito que buscamos, e não o ganho, o emprego de nossas faculdades e não seu crescimento, e aquele sacrifício de si que é também a realização de si.

É por isso que temos de seguir como regra estarmos sempre desinteressados ou indiferentes em relação a tudo aquilo que pode pertencer-nos, e preservar essa liberdade que corre precisamente seu maior risco quando permitimos que ela seja submetida pelo sucesso: afinal, seu papel mais difícil não é adquirir, mas ter a força de libertar-nos de todas as nossas aquisições.

Aquilo que se tornou radicalmente diferente de mim só pode ser indiferente a mim. Assim, a indiferença é uma posição de defesa, ou melhor, de recuo, em relação a todas as surpresas do amor-próprio. A indiferença é portanto o remédio do amor-próprio, e deve estender-se apenas sobre as coisas em que, até então, o amor-próprio se encontrava empenhado. A mais exigente e mais pura é aquela que se aplica a nossos estados de alma. É a indiferença da vontade em relação a tudo aquilo que pode nos dar prazer ou dor. Ela é tão mais perfeita quanto a sensibilidade é ela própria mais viva. Ela deixa intacta nossa coragem tanto quando o destino nos oprime como quando ele nos favorece.

Ser indiferentes ao que nos sucede, à ocasião e ao acontecimento, é reconhecer em cada ocasião ou em cada acontecimento as diferenças que nos permitem responder a ele. E uma aparente indiferença é ao mesmo tempo uma viva generosidade por meio da qual igualo todos os golpes da sorte, voltando meus olhares não para mim, que os aguento, mas para Deus, que os envia a mim.

5. Uma indiferença do intelecto que é a justiça

Os filósofos dizem que o intelecto é indiferente a tudo e que é por isso que ele é capaz de entender tudo e de receber tudo. A perfeição com a qual ele desposa todas as formas provém de ele não ter nenhuma. É sua fraqueza que perfaz sua força e que lhe permite modelar inesgotavelmente o real segundo os contornos mais justos, mais precisos e mais flexíveis. E é porque ele não altera a essência das coisas que ele nos revela suas verdadeiras diferenças.

Há uma indiferença que é santa: é aquela que consiste em nada fazer preferencialmente entre os seres que estão em nosso caminho, em dar a todos nossa presença inteira, em responder com uma fidelidade exata ao chamado que eles nos fazem. Essa é a indiferença positiva, que é o inverso da indiferença negativa com a qual ela é com frequência confundida: ela nos pede apenas que guardemos para todos o mesmo acolhimento luminoso. É preciso que mantenhamos o equilíbrio igual entre elas: que em nós não haja nenhum preconceito, nem predileção que faça pesar a balança. Então, em nossa conduta em relação a eles, tornamo-nos capazes de introduzir as diferenças mais sutis, mas dando a cada um aquilo que espera, o que ele pede, e o que lhe convém. A justiça mais perfeita aqui se confunde com o amor mais puro, sobre o qual não seria possível dizer se abole toda eleição ou se é por toda parte o mesmo amor de eleição.

Bem sabemos que «não fazer distinções» é a mesma coisa que ser justo; é, portanto, aplicar a todos a mesma regra sem introduzir em nossos juízos nenhuma exceção e nenhum favor. É pôr-se do ponto de vista de Deus, que envolve todos os seres na simplicidade de um mesmo olhar. Porém, esse olhar é exatamente o contrário de um olhar insensível. É um olhar de amor que distingue em cada ser particular justamente aquilo de que ele tem necessidade, as palavras que o tocam e o tratamento que ele merece.

A indiferença em relação a todos os acontecimentos é apenas o efeito de sua desproporção com esse amor pelo infinito que se encontra no fundo de nossa alma, e que nenhum objeto finito é capaz de reter. Ela põe todas as coisas que preenchem o mundo no mesmo plano, que é o plano do mundo, sem parar para pensar que pode haver alguma dentre elas que, possuindo um privilégio absoluto, nos obrigasse a sacrificar a outra. Porém, ao pôr o intelecto infinitamente acima das coisas, ela torna-se capaz de discernir as nuances mais delicadas entre as coisas mesmas, de adaptar cada uma delas às conjunturas em que estamos empenhados, e comunicar-lhes aquela perfeição que é a perfeição mesma com a qual o intelecto, a cada instante, a penetra e dispõe dela.

6. Os menores acontecimentos

A indiferença nos ensina a igualar as grandes coisas e as pequenas; ela nos mostra que, por mais humilde que seja o acontecimento que se nos apresenta, ele para nós é tudo, dependendo de o intelecto dar-lhe sua presença ou recusá-la. A essência do ser e da vida não se divide: ela se encontra inteira até em seus modos mais fracos, e os problemas permanecem os mesmos quando a escala é alterada.

A mesma atividade invisível basta para transfigurar as coisas mais vulgares, e já está presente em sua inteireza na menor de nossas atitudes. Somente ela é capaz de lhes dar um valor e um sentido, ao obrigar-nos a empenhar toda vez nosso próprio destino e o de todo o universo. Afinal, o Todo está sempre ali, diante de nós e em nós, sem sofrer divisão, mesmo no objeto mais miserável, que levanta todas as questões primeiras.

Aquele que busca distender sua atividade para reinar sobre um horizonte sempre mais extenso mostra o vazio de sua alma. Não é a gravidade do ato que o ocupa, mas o brilho da fama: porém, esta se associa de modo indiferente às coisas mais comuns e às mais belas, segundo a grandeza de sua aparência. E no entanto é evidente, e até justo, que as mais belas nunca apareçam à vista do maior número. Ora, a alma tem de parar de procurar um teatro sempre mais vasto a partir do momento em que ela vê que ele não basta para engrandecê-la.

Pode-se observar também que é muitas vezes mais fácil espiritualizar as pequenas coisas do que as grandes. Isso porque nas pequenas a intenção facilmente ultrapassa a matéria, mas nas grandes é o contrário que acontece.

Há enfim uma potência sublime do ponto e do instante que as eleva acima do espaço e do tempo, que liberta o intelecto de todas as imagens que o traem e de todos os efeitos que o dissipam, que nos revela a perfeita pureza de seu ato desencarnado antes que ele se deixe seduzir pela conquista, seja de um espaço que lhe é exterior, seja de um passado ou de um futuro que o tiram de si mesmo.

7. As diferentes formas do esquecimento

Assim como há uma virtude do esquecimento, há uma virtude da indiferença. Sem dúvida há lembranças que nos fogem quando as buscamos, e outras que desaparecem pouco a pouco sem que nos demos conta; e há também aquelas que se impõem a nós apesar de nós mesmos, e que não conseguimos afastar quando queremos.

Por outro lado, parece que somente o futuro, que pertence à ordem do possível, e de maneira nenhuma do realizado, depende de nós, e que somente dele se pode fazer bom ou mau uso. Porém, também do passado, ainda que ele se tenha realizado para sempre, podemos dispor de certa maneira. E é por um ato que ainda está no futuro que posso reanimá-lo ou deixá-lo amortalhado; até certo ponto, ele está nas minhas mãos.

O esquecimento é a marca da nossa fraqueza e da nossa miséria porque faz com que o ser por assim dizer escape perpetuamente a si mesmo. Porém, ele também é ao mesmo tempo a marca da nossa força, pois mostra em nossa consciência uma capacidade de abolir que é comparável a seu poder de criar, e que em certo sentido o supera, e porque ele é para nós o meio de uma purificação e de um renascimento ininterruptos. Ele nos entrega a presença daquilo que é ao retirar-nos a presença do que não é mais. Ele traz em si uma faculdade aniquiladora e libertadora que nos separa de todas as preocupações que nos retêm, e nos permite recomeçar a cada instante nossa vida inteira.

Há um esquecimento negativo e carnal que me separa de um passado que não suporto mais ver, renegando minha responsabilidade e suas consequências, como se, por meio da onipotência da minha cegueira, eu tentasse aniquilá-lo sem conseguir. E há um esquecimento positivo e espiritual por meio do qual lanço, por assim dizer, todo o meu passado em Deus, a fim de pôr dessa maneira toda a minha confiança no dom atual de sua graça. O primeiro é um esquecimento que parece a morte, e o segundo, um esquecimento que parece a ressurreição.

Porém, se a faculdade de esquecer é uma força assim, acontece que a faculdade de não esquecer é uma força maior ainda, a mais cruel quando produz ressentimento, e a mais doce ou a mais bela quando se torna o perdão.

8. O esquecimento, sempre imperfeito

Nesta vida, lembrança nenhuma morre por completo. Ela luta pela existência antes de desaparecer: ela sempre deixa subsistir algum obscuro vislumbre, mesmo quando a atenção se afasta dela; e sua presença latente se revela por uma surda inquietude que a consciência não confessa.

O esquecimento sempre parece involuntário, ainda que a vontade muitas vezes pareça desejá-lo, ou ao menos aceitá-lo. Dizemos, a respeito de uma ofensa: «Vou tentar esquecer». Tentamos esquecer o passado doloroso. Porém, quem quer esquecer na verdade quer se lembrar. No esquecimento, é preciso que o passado se separe de nós: se tentamos separá-lo de nós mesmos, ele gruda em nós mais ainda.

A vontade de esquecer é um movimento do amor-próprio: porém, nesse caso, o amor-próprio está em luta consigo mesmo, que sempre se lembra; ferido, humilhado, ele tenta curar-se e aviva as próprias chagas. Porém, entre o esquecimento e a vontade há uma cumplicidade misteriosa: nessa espécie de penumbra em que o esquecimento é, por assim dizer, consentido, o olhar consegue evitar uma lembrança que lhe desagrada, mas porque há em nós uma divisão da vontade que, no mesmo ato, o chama e o recalca.

9. Esquecimento e despojamento

É preciso deixar a memória seguir seu curso natural, que é responder no minuto presente à solicitação do acontecimento. A partir do momento em que ela se desassocia da ação que deve esclarecer, ela nos assedia com imagens frívolas ou com remorsos opressores. E é por isso que muitas vezes fazemos mais esforço para esquecer do que para lembrar.

A memória imediata nos basta quase sempre. É a busca de si e um amor-próprio ávido de prejudicar-se que se recusam a contentar-se: então vemos a vontade, que pressiona a lembrança e que põe, no lugar do presente que deveria bastar-lhe, um passado sobre o qual ela é impotente. Porém, para nós esse é apenas um fardo opressor. O passado pede para ser transfigurado: e ele se torna poético através do véu de esquecimento que envolve todos os seus fantasmas.

Todas as misérias que preenchem nossa vida cotidiana, todos os agravos, todos os rancores que separam os seres mais unidos, que os fecham uns para os outros e que os tornam ou hostis, ou resignados, pacientes e secretos, o que às vezes é pior, vêm da impossibilidade, para eles, de esquecer os golpes incessantes que eles não param de infligir-se por essa dualidade mesma que os torna diferentes, isto é, que os faz ser. Lembrança nenhuma pode fortificar sua união, a qual começa a perder-se assim que é obrigada a recorrer a ela. Ela se recria sempre num ato presente que abole o passado e que nunca sonha com o futuro.

O esquecimento deve ser para nós um despojamento interior. Assim como é preciso que tenhamos parado de perceber os objetos que nos cercam para deles obter, na memória, uma imagem espiritualizada e purificada, é preciso que essa mesma imagem tenha desaparecido para que nossa alma guarde em si apenas a faculdade secreta que a tinha produzido. É preciso que as coisas passem para deixar em nós apenas sua lembrança, e que, por sua vez, essa lembrança passe, para deixar em nós apenas aquele traço profundo que muda toda a nossa vida, e o espetáculo mesmo que o mundo nos oferece.

A formação progressiva do nosso ser interior evoca ao mesmo tempo a obra do pintor e a do escultor. A obra do pintor resulta de um acúmulo de toques sucessivos. Esses mil toques sucessivos sobrevivem ao gesto que os fez. Assim, parece que nossa alma é criada pouco a pouco, como um quadro espiritual. Porém, o esquecimento evoca a escultura, cuja regra é mais abstrata e mais severa. É aquilo que o cinzel retira do mármore que faz a forma aparecer. Assim, é preciso que o eu esqueça todos os acontecimentos que lhe sucederam, e até todos os estados que atravessou, para que enfim se mostre em sua nudez. E não é possível conceber sem o esquecimento, que os acompanha sempre, mas que nunca basta para produzi-los, nem a purificação, nem o despojamento, nem o perdão, nem o sono, nem a morte, isto é, nenhuma dessas belas renúncias pelas quais nosso ser se recolhe na solidão de sua essência e de sua verdade.

A VOCAÇÃO
E O DESTINO

1. Diferença entre os intelectos

É difícil harmonizar a extensão e a profundidade. Uns só têm olhos para o espetáculo do mundo. Eles precisam que ele se renove indefinidamente diante de seus olhos. Admiram sem se cansar a variedade e a novidade. Porém, só têm com ele um contato superficial: basta que ele mantenha desperta sua curiosidade, e povoe com imagens sua mente, a qual sempre busca fugir da solidão.

Os outros ficam sempre no mesmo lugar. Eles reviram sem parar os mesmos pensamentos; escavam indefinidamente o sol em que nasceram e ao qual permanecem apegados. Eles se desviam das planícies que o Sol ilumina e que a chuva rega, e procuram, no lugar onde estão, uma fonte subterrânea em que possam beber. Como é difícil, e como seria desejável, conseguir unir a extensão e a profundidade, seguir todos os caminhos por onde a vida nos leva, sem nunca nos afastar do ponto em que ela brota! Alguns homens são eles mesmos como fontes das quais sempre escorrem novas riquezas; porém, a maioria é como canais que levam de um a outro riquezas que eles mesmos não produziram. E vemos espíritos nômades, e outros que cultivam o próprio solo.

Ora, «há uma diversidade de graças, mas o Espírito é o mesmo, uma diversidade de ministérios, mas o Senhor é o mesmo. Há também diversidade de operações, mas é o mesmo Deus que opera em nós».

Todos os seres recebem a mesma luz: porém, acolhem-na de maneira desigual. Uns são semelhantes a superfícies brancas e a devolvem inteira à sua volta: estes são os que têm mais inocência. Outros são como superfícies escuras, que a enfiam em suas próprias trevas: sua alma é um *estojo* fechado. Há também os que a dividem, que captam certos raios e refletem outros, como aquelas superfícies de cores diversas, mas que mudam de brilho e de nuances dependendo da hora do dia: estas são as almas mais sensíveis. Há ainda aqueles que são semelhantes a superfícies transparentes, e deixam passar neles toda a luz, sem nada reter dela: estes são os mais próximos de Deus. Alguns podem ser comparados a espelhos nos quais a natureza inteira e o espectador que as mira não param de refletir-se e de ver-se: estes são os mais próximos de nós, e sua presença basta para julgar-nos. Alguns, enfim, lembram prismas nos quais a luz branca se desfralda num arco-íris miraculoso: e são estes que cantam a glória da natureza pela arte e pela poesia.

2. O gênio próprio

Todos os homens têm gênio se são capazes de descobrir seu gênio próprio. Porém, aí está a dificuldade: afinal, mal fazemos outra coisa além de ter ciúmes do outro, de imitá-lo e de tentar ultrapassá-lo, em vez de explorar nosso próprio fundo. E não se pode de jeito nenhum desconhecer que, a cada vez que somos fiéis a nós mesmos, experimentamos um ardor lúcido que é maior do que todos os outros prazeres, que lhes tira todo sabor, e que a partir de então os torna inúteis.

Porém, como descobrir esse gênio pessoal que nos foge quando o procuramos, do qual, ao ver a vida escorrer na miséria, no tédio ou nas distrações, a maioria dos seres só pode desconfiar, e que às vezes atravessa num clarão de esperança a consciência mais medíocre, mas desaparece assim que ela tenta tomar posse dele, que nossas ocupações mais constantes contradizem e recalcam, e que nunca é nem uma ideia que possa ser definida, nem um ímpeto interior que possa ser conduzido? O único pensamento do nosso gênio próprio sempre abala nosso amor-próprio; ele lhe dá uma espécie de ansiedade e desde já a satisfação mais forte e mais sutil. Mesmo assim, nosso gênio contrapõe-se a nosso amor-próprio, que é uma preocupação com nós mesmos, que põe a opinião acima da realidade, que, em vez de ficar ao lado do nosso gênio, serve-lhe de obstáculo e o impede de exercer-se. Ora, o gênio se mostra no momento em que, renunciando subitamente a todos os movimentos do amor-próprio, que não param de perturbar-nos e de distrair-nos, temos acesso a um mundo espiritual cuja descoberta é efeito do puro desinteresse, que nos dá aquilo que não conseguiríamos dar a nós mesmos, e do qual nos tornamos testemunhas e intérpretes, em vez de fazê-lo servir a nossas próprias finalidades.

É portanto o abandono de todo amor-próprio que nos revela nosso gênio verdadeiro. Porém, a partir do momento em que ele afrouxa, o amor-próprio se levanta outra vez e atribui a si, como vitórias, as derrotas que o gênio lhe impingiu.

Parece que a consciência nos foi dada menos ainda para escolhermos aquilo que queremos ser do que para descobrirmos aquilo que somos. Só somos verdadeiramente livres quando nos é dada a revelação de nossa própria necessidade. Até então, nos julgamos livres, mas somos um brinquedo dos nossos caprichos; nada fazemos além de vagar de tentativa em tentativa, de fracasso em fracasso, sempre insatisfeitos, e sempre exteriores a nós mesmos.

Dir-se-á que não há pior escravidão do que ficar assim fechado em sua própria essência. Porém, o eu que reclama disso dá provas suficientes de que ainda não a encontrou. Ainda assim, o admirável é que depende de nós encontrá-la, aprofundá-la e ser-lhe fiel; sem isso, ela não é nada, como uma faculdade que ficasse sem uso. Num sentido, pode-se dizer que o que define a loucura é querer escapar à própria lei, é nunca projetar luz suficiente, nem amor suficiente, naquele ser que trazemos em nós, e que nos cabe não conhecer, mas realizar.

3. Do caráter à vocação

O indivíduo é o caráter, no sentido mais comum da palavra, mas também no sentido mais forte e mais nobre. A vontade está sempre em luta com ele: mas é sempre o caráter que é redescoberto, seja quando se verga, seja quando triunfa.

Nele, o eu se confunde com sua própria manifestação. Ele exprime sua disposição interior mais constante e mais profunda, aquela que escapa a todo artifício. É dele que depende minha felicidade mais íntima e a daqueles que me cercam. Porém, pode-se dizer ao mesmo tempo que ele é eu e que ele não é eu; ele é eu mais radicalmente do que minha própria vontade, pois antecede sua ação e sobrevive a ela, e não é eu, pois não o quis e minha vontade se desassocia dele, age nele, tenta constrangê-lo, e se esforça para obrigá-lo a servi-la.

No entanto, quando falamos de nós mesmos, não é em nosso caráter que pensamos, mas nesse ser puramente possível, nessa pura liberdade ainda indeterminada e que ainda não se empenhou em nada, que é para nós a coisa mais preciosa que existe no mundo, aquela cuja descoberta mais nos emociona. E, no momento de dispor dela, imediatamente sentimos que todo ser só é algo pela verdade ou pelo erro, pelo bem ou pelo mal, que de certo modo traz consigo. É isso que cada um vê, busca, ou evita em si mesmo, e nunca sua natureza individual, que não passa de um obstáculo ou de um veículo, que só tem sentido e até existência pelo valor que pode assumir e no qual é capaz de nos fazer participar.

Só então é permitido falar de vocação; porém, vemos que toda vocação é sempre espiritual: ela é a descoberta da nossa verdadeira essência, que se confunde com o ato mesmo pelo qual se realiza. Com ela, pode-se dizer de cada ser que ele obtém «um novo nome que ninguém conhece, exceto aquele que o recebe». Cada ser assim acede a uma grandeza que lhe é própria, e entende-se por que essa grandeza tem de ser ao mesmo tempo dada e conquistada.

4. Vocação de cada indivíduo e de cada povo

Os povos, assim como os indivíduos, não podem ter outra vocação além da espiritual. Não se trata de uma vocação para conquistar os bens da terra ou submeter os outros a si. É uma vocação para libertá-los, para devolvê-los a si, para permitir-lhes descobrir e cumprir a vocação que por sua vez lhes pertence. Aqui, assim como em toda parte, reencontramos este paradoxo admirável: todo ser só pode realizar-se cooperando na realização de todos os outros.

Isso porque só há um espírito do qual cada indivíduo, e até cada povo, participa por um ato pessoal segundo os dons recebidos. Depende dele tomar consciência desses dons e exercitá-los numa criação ininterrupta. Não há para ele ideia mais benfazeja do que a de um papel a desempenhar na formação da consciência humana, o qual ninguém pode desempenhar em seu lugar, e sem o qual todas as possibilidades que estão nele jamais conseguiriam ver a luz do dia.

Contudo, não se aceitará sem nuances essa visão demasiado simples de que a consciência humana é como um ser imenso e anônimo em que cada indivíduo ou cada povo exercerá uma função predestinada. Só a consciência individual é um foco de luz próprio, um centro original de responsabilidade. O gênio de cada povo sem dúvida traz consigo o gênio de todos os seres que o formam, que padecem as mesmas forças e compõem nele suas iniciativas particulares. Porém, os maiores inventam, ao passo que os outros apenas padecem:

esses são sempre estrangeiros em meio a seu povo; eles parecem homens vindos de muito longe, e que nos trazem alguma revelação extraordinária.

5. Discernimento da vocação

Há em nós um fluxo que nos leva, mas que é de tal natureza que só temos a impressão segura de segui-lo quando somos nós mesmos que o fazemos nascer. Assim, a vocação é uma resposta ao chamado mais íntimo de meu ser secreto, sem que nada que venha da minha vontade própria ou das solicitações que recebo de fora se substitua a ela. Ela é, primeiro, uma faculdade que me é oferecida; o caráter original da minha vida espiritual é consentir em torná-la minha. Então ela se torna minha verdadeira essência.

Pode-se faltar à própria vocação por falta de atenção para descobri-la ou de coragem para cumpri-la. Porém, ela não é descoberta se esquecemos que cada um tem a sua, e que também lhe cabe encontrá-la. E ela não é cumprida se não sacrificamos a ela todos os objetos habituais do interesse ou do desejo. Acontece que só sentimos sua presença quando somos infiéis a ela.

Deve-se ainda imaginar o risco mais grave de que essa vocação seja distante e excepcional, ao passo que ela é sempre próxima e familiar, e está envolta nas circunstâncias mais simples em que a vida nos pôs. A questão, para cada um de nós, consiste em discerni-la nas tarefas mesmas que lhe são propostas, em vez de desprezá-las e procurar algum destino misterioso que jamais encontraremos.

A vocação não se distingue por nenhuma marca extraordinária que seja o sinal da nossa eleição: e ela permanece invisível, ainda que transfigure as mais humildes labutas da vida cotidiana. É porque ela é o sentimento de um acordo entre aquilo que temos de fazer e os dons que recebemos que ela é para nós uma luz e um apoio. Com ela, cada indivíduo nasce para a vida espiritual, cada indivíduo deixa de sentir-se isolado e inútil. Assim, ela não nos dispensa, como se poderia pensar, de querer e de agir; pelo contrário, ela põe em nossos ombros um fardo imenso; ela tem de nos tornar prontos para sempre aceitar alguma obrigação nova, para sempre nos empenhar sem nada esperar.

6. A escolha inevitável

Cada um de nós tem a ambição de abraçar com o pensamento a totalidade do universo. Porém, cada um só pode fazer isso dentro de uma perspectiva que lhe é própria. É muito errado querermos tentar abolir essa perspectiva para atingir as coisas tais como são. Afinal, nesse caso, as coisas nos escapam e deixam de ter relação com nossa vida: elas mesmas ficam sem vida. Não é ao separar-nos do real em que estamos que podemos esperar melhor apreendê-lo, mas ao penetrar nele com todas as forças e com todos os recursos que nos pertencem. A presença do ser universal coincide para nós com a realização de nosso ser individual, em vez de ultrapassá-lo e de excluí-lo.

O homem sempre teme empenhar-se rápido demais. Vemos o mais prudente, assim como o mais ambicioso, resguardar-se e esperar. Assim, eles deixam passar o momento porque cobiçam um destino mais elevado, ou porque toda escolha que os solicita fecha seu horizonte e os separa do Todo que desejam abraçar avidamente. Porém, o ser particular que sou, a ocasião que me é oferecida, e uma certa proporção que sempre se estabelece entre minha liberdade e o acontecimento, me obrigam o tempo todo a escolher: e a escolha mesma que faço, longe de me limitar, me fortalece, obrigando-me a introduzir uma ordem entre minhas tendências. Ela as unifica em vez de dividi-las. Ela me dá uma via de acesso e um avanço no Todo que valem infinitamente mais do que essa posse ideal que eu imaginava, que eu me recusava a começar a realizar, a pretexto de mantê-la totalmente pura.

Ninguém pode esperar ter descoberto sua vocação antes de começar a agir: há um momento em que o indivíduo tem de apostar nela e correr o risco dessa aposta. E talvez até seja preciso que essa espera, essa descoberta, e essa aposta, em vez de suceder-se no tempo, aconteçam juntas a cada instante. É esse o drama mesmo do instante.

7. Fidelidade

É mais difícil do que se pensa permanecer fiel a si mesmo. A preguiça nos afasta disso, o que nos entrega às causas exteriores, assim como o amor-próprio, pelo qual, para elevar-nos acima daquilo que somos, nos tornamos estrangeiros a nós mesmos. A verdadeira coragem consiste em reconhecer nossa vocação, que é única no mundo, e em permanecer fiéis a ela em meio a todos os obstáculos que encontramos, sem nunca nos permitir ceder diante deles. Afinal, são esses obstáculos que a fazem irromper e que a obrigam a realizar-se. E as próprias tentações são apenas provas, mas que nos julgam.

A fidelidade não pode ser separada do tempo. Ela me obriga a guardar a memória do passado, ainda que, no entanto, minha vida recomece a cada instante. Porém, se é preciso que ela recomece, será que é para romper com o passado e sempre buscar um objeto novo, renegando todos aqueles com cujo contato ela se formou? Ou ainda, para superar e promover tudo aquilo que ela já fez ao voltar sem cessar até a fonte intemporal de todos os atos possíveis e, em vez de conformar-se com excessivo rigor à pura letra de suas promessas, para reformá-los, para fazer melhor uso deles, para aumentar mais seus frutos, ainda que para isso seja preciso às vezes perder algumas lembranças deles ou transformar essas lembranças numa vontade que não para de renascer e de reparar-se?

A fidelidade me obriga a buscar até na ação a realização da intenção, sem no entanto esquecer que a ação aparece num outro tempo, e que ela tem espessura demais para que qualquer intenção possa contê-la de antemão. A fidelidade não é aquela retidão aparente, cheia de austeridade e de amor-próprio, que recusa à ação que a intenção em qualquer momento seja dobrada; porém, todo o problema está em saber como é preciso que ela se dobre, se é esquivando-se do objeto que visara, ou abrangendo-o no círculo cada vez mais vasto.

Essa fidelidade a si nos dá uma espécie de nobreza natural e espiritual simultânea que constitui a verdadeira consciência de si. Porém, Narciso nunca a conheceu. Não é de maneira nenhuma a fidelidade a um objeto, ou mesmo a meu passado, mas, para além de todo objeto e de todo passado, a um certo desígnio que objeto nenhum e passado nenhum puderam cumprir, e que sempre abre à minha frente um novo futuro. Ora, essa é uma espécie de desígnio que Deus tem a meu respeito, e que posso não realizar nunca. Nesse caso, minha vida foi estragada: ela aconteceu por assim dizer fora de mim e sem mim, ela ficou num mundo de aparências e só fez passar junto com elas.

8. Destino e vocação

O desenvolvimento do vegetal é quase sempre explicado pela natureza da semente e pela ação do meio. Se fosse assim com nós mesmos, ficaríamos presos na rede da fatalidade. Teríamos um destino sem ter vocação. A vocação supõe um consentimento da liberdade, um uso dos dons que recebemos e das condições que a vida nos impôs. É precisamente no intervalo que sempre separa aquilo que somos por natureza das circunstâncias nas quais estamos que se insinua a liberdade; é entre esses dois determinismos, o de dentro e o de fora, é graças a seu encontro, que ela faz seu jogo. Pois é ela que os põe em relação, que pede a cada um deles armas contra o outro. É pela ação dos acontecimentos que ela tem domínio sobre as forças da natureza e que as disciplina; é pela ação dessas forças que ela toma posse dos acontecimentos ou que os suscita.

O que define o destino é, ao que parece, trazer-nos as situações às quais a liberdade nos obriga a responder. Todavia, essa resposta não é, como às vezes se crê, puramente interior e espiritual: ela age em nosso próprio destino. Muito mais ainda, esta não é uma simples provação que nos é proposta desde fora sem que tenhamos sido consultados: ela é convocada por nossa liberdade, a fim de permitir que ela se exerça. Os acontecimentos são ocasiões que lhe são fornecidas e que sempre estão em relação com suas aspirações, com seu poder, com sua coragem e com seu mérito.

A sabedoria reside inteira numa certa proporção que somos capazes de encontrar entre aquilo que queremos e aquilo que nos acontece, sem que possamos dizer se é aquilo que nos acontece que assume a forma daquilo que queremos ou aquilo que queremos que assume a forma daquilo que nos acontece.

9. Os acontecimentos do acaso

O destino não é de maneira nenhuma constituído, como se crê com demasiada frequência, pela sequência dos acontecimentos que preenchem nossa duração. Os acontecimentos mais consideráveis podem produzir em nossa alma uma emoção que a transtorna: temos aí apenas um eco do corpo. Nossa inteligência pode ser ofuscada por ela sem que se possa dizer que tome parte nela.

Muito mais ainda, acontece de precisarmos exagerar o acontecimento que mais nos abalou e de forçarmos nossa imaginação para fazer com que outra pessoa sinta, ou para que sintamos novamente, o mesmo abalo que ele outrora provocara em nós. Porém, nunca conseguimos. Nada mais decisivo a esse respeito do que o exemplo das mais terríveis aventuras da guerra para aqueles mesmos que as viveram: cada qual então mede o intervalo que separa a chama de incêndio que o atravessava das cinzas que ela deixou e que nenhum esforço de memória consegue reanimar.

Um acontecimento pode ter, no momento em que acontece, um relevo extraordinário. Ele pode nos surpreender e nos ultrapassar: até então, ele ainda é apenas objeto de espetáculo. Ele só pertence à nossa vida pelo juízo que fazemos dele, pela interpretação que lhe damos, por seu elo secreto que só nós conhecemos, com o drama interior da nossa consciência. E ele só penetra nosso destino quando se torna para nós um chamado ou uma resposta que o mundo nos dirige, um milagre pessoal que só tem sentido para nós e em relação a nós.

É nos jogos de azar que melhor sentimos essa espécie de presença do destino que submete o jogador a acontecimentos sobre os quais parece que ele não tem domínio, e que no entanto cada qual atinge como se o tivesse mirado. O que, aliás, fica claro quando eles parecem encarniçar-se sobre aquele que ganha ou que perde. Porém, convém espiritualizar até mesmo o acaso. Não se deve tratar com demasiada ligeireza o sentimento tão profundo de ter conseguido aproveitar a oportunidade ou de tê-la deixado passar, de atraí-la ou de afastá-la, de ser levado por ela numa espécie de ímpeto, ou então de estar desamparado por ela, numa espécie de angústia. Não há, de um lado, as leis do acaso que apenas sofremos, e, de outro, estados de alma que meramente as seguem. Estes também agem na marcha de todos os acontecimentos; e as palavras «espera», «desejo» e «esperança» dissimulam sua eficácia, em vez de traduzi-la.

10. O destino único

É surpreendente que alguém perca seu destino. Porém, nosso destino só aparece quando já aconteceu; e dizemos que o perdemos quando nos parece que ele não coincidiu com nossa vocação.

Não há sentimento mais belo, mais profundo, mais forte, do que o sentimento experimentado por cada ser quando desce até a raiz da consciência que tem de si mesmo, de que está só no mundo, de que seu destino é único e incomparável, de que não está exposto a nenhum dos infortúnios que sucedem aos outros, que na guerra será ele que será poupado, e que a morte mesma nunca chegará para ele. Ora, sabemos com certeza que não é assim que as coisas vão se passar, que nossa sorte será a de todos os homens, que todos os infortúnios podem cair sobre nós, que nós também não podemos voltar da guerra, e que certamente morreremos um dia.

Porém, essa ciência só vale para nosso próprio corpo; ela deixa intacta a consciência mesma que adquirimos de nossa intimidade espiritual, isto é, de um mundo sobre o qual acontecimento nenhum tem domínio, no qual penetramos por um ato pessoal e livre e do qual nunca conseguimos ser afastados — isto é, um mundo que é eterno.

Aquele que consentisse em dar a esse sentimento toda a sua eficácia e toda a sua presença, em descer até seu fundamento, encontraria em si sem dúvida o apaziguamento de uma angústia que é sempre inseparável do pensamento de seu destino: ele encontraria ali primeiro uma espécie de experiência da eternidade, isto é, de uma intimidade propriamente única e nossa, que é a única que conhecemos, mas que não pode ser dissociada da intimidade mesma do Todo, a qual é propriamente imperecível. Ele encontraria ali, como confirmação, a visão evidente de que de mim os outros conhecem apenas a aparência que é meu corpo, assim como eu deles só conheço a aparência, que é a que eles têm, e que os corpos estão submetidos à lei comum das aparências, que é mudar e corromper-se, ao passo que a intimidade mesma escapa dessas leis ao revelar-nos, por um ato de conversão espiritual, aquele significado da nossa existência própria que dá sua luz a tudo aquilo que nos acontece.

É um grande erro pensar que cada um de nós avança em linha reta para um fim distante e inacessível. Cada um de nós gira em torno do próprio centro, aumentando sem parar o círculo que descreve na totalidade mesma do Ser. Assim, o papel do tempo é diferente daquele que quase sempre lhe atribuímos. Ele não é uma fuga em que vamos perdendo aquilo que deixamos para trás sem ter certeza de algum dia termos adquirido alguma coisa. Ele nos permite envolver numa curva que traçamos em torno de nós mesmos uma região do mundo que é cada vez mais vasta, como no crescimento da rosa. Ele nos permite unir perfeitamente à perfeição do repouso, naquele coração de nós mesmos do qual procedem todas as nossas atitudes, a perfeição do movimento que nunca deixa de renová-las e de enriquecê-las. Ele é muito diferente do movimento circular dos antigos, que não deixa subsistir nenhum progresso. Porém, para cada ser, o progresso reside na realização gradual da sua própria essência. É uma aliança do finito e do infinito que o obriga a tender para um estado de perfeita maturidade, em que ele só morre para frutificar.

11. A eleição de cada ser

É preciso que cada ser aja no mundo como se tivesse consciência de ter sido escolhido para uma tarefa que só ele pode cumprir. A partir do momento em que ele a descobre e em que começa a dedicar-se a ela, parece-lhe que Deus está com ele e vela por ele. Ele está cheio de confiança e de alegria. Perde o sentimento de estar abandonado. Está libertado da dúvida e da angústia. Ei-lo associado à obra criadora. Está lavado de suas máculas. Não tem mais passado. Renasce a cada manhã. Vive no maravilhamento, frágil e pecador do jeito que é, por ter sido chamado a uma ação que o ultrapassa, e para a qual ele sempre recebe novas forças e sempre experimenta um novo zelo. Tal é o mistério da vocação que produz no indivíduo, a partir do momento em que ele se apercebe dela, uma emoção incomparável: a de não estar mais perdido no universo, mas de ocupar nele um lugar de eleição, de ser sustentado por ele e de sustentá-lo, e de sempre descobrir um acordo entre suas próprias necessidades e os socorros que nunca para de receber, entre aquilo que deseja ou que espera e a revelação que lhe é trazida.

A vocação é quase sempre reduzida a uma espécie de afinidade entre nossa natureza e nosso ofício. Porém, ela vem de mais longe do que a natureza, e estende-se para além do ofício. Ela é a graça que os atravessa, que os une e que os ultrapassa.

A vocação aparece no momento em que o indivíduo reconhece que não pode ser o fim de si mesmo, que ele só pode ser o mensageiro, o instrumento e o agente de uma obra com a qual ele coopera, e na qual o destino do universo inteiro está interessado.

A vocação é propriamente aquilo que há de irresistível no exercício da nossa liberdade. Porém, ao mesmo tempo ela cria uma relação pessoal e nominativa de Deus com cada indivíduo, que é o objeto próprio da fé, e sem o qual nossa vida fica desprovida de sentido e privada de todo laço com o absoluto. É a gota de sangue que o coração dilacerado de Pascal exigia que o Cristo tivesse vertido por ele na cruz.

TORMENTOS DO INDIVÍDUO

1. Amor-próprio

O amor-próprio tanto compraz-se consigo que se detém até no sentimento da própria miséria. De tal modo que ele fica mais amargo ao tentar curar-se.

Não se deve dar ouvidos demasiado complacentes a essa consciência que tenho de mim mesmo como ser único e inimitável, pois ela sempre desperta o amor-próprio que busca tudo reter e tudo converte para seu uso. O ato mais profundo que cada ser pode realizar é um ato livre e generoso em relação a essa consciência mesma que ele tem de si, mas que sempre ultrapassa, e pela qual ele nunca se deixa submeter. Narciso, porém, continuou seu escravo.

O amor-próprio corrompe de muitas maneiras nossas relações com os outros homens. Ele engendra a suscetibilidade que nos faz presumir no outro uma hostilidade que tememos, quando ele nem sequer está pensando em nós. É nossa suspeita que lhe dá origem, quando nele havia apenas indiferença, ou uma benevolência já bem próxima de manifestar-se.

Enxergo coisas que os outros não enxergam, e outros à minha volta enxergam coisas que eu também não enxergo. E os homens não sentem prazer com as mesmas coisas. Isso faz com que eles se desconheçam uns aos outros e com que, a partir do momento em que deixam de ter ciúmes uns dos outros, passem a desprezar-se.

O princípio de todos os conflitos que os levam a engalfinhar-se é que eles estabelecem comparações entre si. E em todos os domínios suas relações reproduzem aquele enfrentamento do rico e do pobre em que não se sabe o que é mais horrendo, o desprezo de um ou a inveja do outro.

2. Opinião

A opinião é a coisa mais sem valor do mundo: «isso é só uma opinião». E sempre, com Platão, fazemos a contraposição dela ao conhecimento. Porém, ela é ao mesmo tempo a coisa do mundo a que mais nos aferramos, simplesmente porque é a nossa, porque ela exprime, ao que parece, ao mesmo tempo uma preferência da nossa natureza e um ato da nossa liberdade. Reivindicamos a liberdade de opinião. Assim, cada qual se apega à própria opinião como se fosse a expressão mais preciosa de seu ser individual.

Porém, não há opinião nenhuma que proporcione a qualquer homem uma satisfação sem mistura: afinal, ao dar-lhe o nome de opinião, ele já reconhece sua fraqueza. Ele se contenta em admitir que ela lhe pertence, sem ainda afirmar que é a melhor. E a escolha da opinião é uma escolha determinada pela aparência. É precisamente no momento em que ele começa a ficar abalado que se aferra a ela com uma espécie de desespero. É então que ele recorre ao supremo argumento: «pelo menos ela é minha», disposto a empenhar sua pessoa inteira para defendê-la, no momento mesmo em que a sente cambalear.

Basta, dizem, que se reconheça que todas as opiniões têm o mesmo valor. Porém, isso é impossível, e contrário à razão, porque assim elas se anulam todas. Dizer que todas as opiniões têm o mesmo valor é dizer que elas não têm nenhum valor, é dizer que são efetivamente opiniões, que não contêm nenhuma visão clara da verdade, que apenas exprimem preferências do desejo ou verossimilhanças da imaginação.

De maneira nenhuma resolveremos a questão dizendo que os homens são desiguais no entendimento, mas podem tornar-se iguais na sinceridade. Isso ainda está bem longe da verdade. Para isso, não é necessário afirmar que a opinião mais sincera ainda pode ser tola ou falsa, pois é possível que sempre haja um certo encontro entre a sinceridade e a verdade. Só que ninguém jamais poderá dizer até que ponto sua opinião é sincera: e sem dúvida ela nunca o é por completo enquanto permanece opinião. Afinal, os homens mais sinceros são também os que mais hesitam em opinar.

A opinião, assim como o indivíduo, luta para triunfar. Quem ressalta o valor de um também ressalta o do outro. Ela traduz todas as flutuações do caráter e da vaidade, as quais se acalmam a partir do momento em que conseguimos atingir o conhecimento e possuí-lo. Em vez de comparar sua opinião à de outrem, o sábio que conhece a origem delas retira da sua a força que lhe era dada pelo amor-próprio, e recusa segui-la no combate. Assim, não é a opinião do outro que deve ser desprezada, mas, antes de tudo, a nossa. Porém, parece que, ao contrário daquilo que se poderia pensar, aquele que tenta converter o outro para sua própria opinião já tem uma certa insegurança em relação a ela e, ao obter a adesão do outro, busca precisamente certificar-se dela e confirmá-la.

3. Regra de chumbo

Todo juízo verdadeiro expressa uma preferência e supõe sempre uma comparação entre valores. Porém, os homens nunca apreciam segundo a mesma regra nem a perfeição, nem o mérito. Uma boa regra deveria, diz-se, possuir tanta flexibilidade quanto a regra de chumbo que era utilizada pelos arquitetos e que podia desposar todas as sinuosidades do real. Porém, toda regra é mais ou menos rígida. Ela se afasta mais ou menos do real precisamente por ser uma regra. E cada um de nós aplica uma regra diferente dependendo do ideal que ele próprio concebeu. Ela é o sinal indubitável de sua própria participação no absoluto; porém, como só pode haver um absoluto, ainda que todo homem participe dele segundo sua natureza, cada qual entra em luta contra os outros, em nome mesmo daquilo que vê neles. E ele julga proibir-se de conciliar-se com o absoluto, ao mesmo tempo que combate apenas no outro a participação que é recusada a ele mesmo.

Daí se segue que as diferenças entre os homens não sejam apenas diferenças de delicadeza, de penetração, ou de profundidade; elas sempre empenham o absoluto do qual se julgam depositárias; e, se elas se batem, não é apenas por si mesmas, como se costuma pensar, mas pela parte de absoluto cuja presença sentem em si e que as opõem, quando deveria uni-las.

Cada um de nós é um ser único e incomparável que está acima de todos os outros em todas as coisas que dizem respeito à sua pura essência, isto é, que exprimem no mundo sua relação original com o Absoluto. Porém, o que nos deve convidar à humildade é que, pelas mesmas razões, cada um de nós se encontra abaixo de todos os outros, quero dizer, do homem mais humilde e mais miserável, nas coisas que lhe foram deixadas e que, por sua vez, dão testemunho dos dons privilegiados que ele recebeu.

Nosso amor-próprio quase sempre julga os outros homens quanto a sua incapacidade de realizar tão bem quanto nós algum trabalho no qual julgamos ser excelentes, mas num domínio que é efetivamente o nosso. Não pensamos em medir nossa própria incapacidade caso se trate de fazer outros trabalhos num domínio que é precisamente o deles.

4. Ódio pela diferença

Não é de maneira nenhuma o caso de indignar-se com a hostilidade que ameaça toda existência individual e que cresce à medida que essa existência mesma tem mais originalidade e grandeza. Essa não é apenas uma lei da sociedade humana, mas uma lei profunda do Ser. Afinal, não pode surgir nenhuma diferença, nem na indistinção primitiva, nem numa massa social ainda gregária, sem que um ataque seja dirigido à unidade do Todo, à presença igual e à dignidade igual de todas as partes no mesmo Todo; então se produz naturalmente uma reação compensadora e destrutiva que busca restabelecê-las. E o que mostra isso é que toda diferença individual que é ressaltada serve, no mais das vezes, para desvalorizar outras. Porém, esse é apenas um artifício de guerra, pois o movimento pode ocorrer nos dois sentidos, segundo os interesses do momento. E apenas uma coisa interessa: que elas se apaguem na indiferença do mesmo Todo. A partir do momento em que nossa vida tenta mostrar-se, a hostilidade e o desprezo começam imediatamente a cercá-la. Isso não deve nos surpreender. Afinal, não suportamos em outras pessoas aquelas marcas da natureza individual nas quais percebemos de imediato pretensão, insuficiência e ridículo; porém, também temos as nossas, que não são as mesmas, cujas fraquezas não notamos, ainda que elas sejam igualmente claríssimas ao olhar alheio.

A hostilidade mais viva e mais profunda que pode reinar entre os homens é aquela que se expressa nas menores coisas. Afinal, ela deriva de sua essência mesma, a qual subitamente se revela e os opõe de maneira irredutível: os motivos demasiado aparentes ou demasiado legítimos, ao justificá-la, dissimulam-na. Afinal, não são os motivos que contam: os mais graves até abolem-se a partir do momento em que os seres se mostram um ao outro em seu próprio fundo. Tudo então é transformado em pretextos e em motivos, até os acontecimentos mais inocentes. Acontece até de aqueles que são os mais adequados para unir sejam também os que criam as separações mais irreparáveis, e que produzem mais amargor.

Às vezes nos surpreendemos porque uma simples palavra separa para sempre dois homens que até então pareciam amigos. Em comparação, as dissensões mais graves, as querelas declaradas, os conflitos de interesse só tinham tido pouco efeito. Isso porque essa palavra é desinteressada; ela não busca vantagem nenhuma; ela não tenta causar nenhuma ferida; ela pode ter escapado por acaso. Ela parece inocente e desprovida de consequências. Aí reside sua profundidade. Afinal, ela trai o próprio ser e desnuda sua essência.

5. Crítica da grandeza

Se toda grandeza é relativa, existem homens que não têm outro meio de engrandecer-se além de rebaixar todos aqueles que os cercam. Somente os maiores atraem seus golpes. Uma constante negação, por meio da qual eles julgam elevar-se acima daquilo que negam, críticas sempre novas que mostram as exigências de seu intelecto e de sua fertilidade, às vezes dão a impressão de que esse monte de ruínas é um edifício. Porém, eles não se elevam acima do nível daquilo que destruíram. Sua alma está vazia, inchada apenas pelo vento. Afinal, não há nada que possa preenchê-la, nem a aumentar, além de todas as descobertas que foram feitas por outros, das quais ela própria não é capaz sob nenhum aspecto. Eles preferem rejeitá-las no nada a parecer obrigados a alimentar-se delas.

Toda crítica classifica aquele que a faz: ou ele ultrapassa seu autor, ou permanece em seu nível, ou se mostra abaixo dele. Arroga-se o direito de classificar o outro quem não percebe também que classifica a si mesmo, e nem sempre como pretende dar a entender.

As maiores obras são sempre as mais expostas: elas têm sempre um limite, pois traduzem um ato de afirmação por meio do qual tomamos posição e escolhemos esse limite mesmo; elas sempre trazem em si o infinito, é verdade, mas como potência de desenvolvimento, e não, de maneira nenhuma, como um dom já oferecido. São elas que apresentam à crítica a matéria mais admirável. Contra elas, a crítica, que busca em cada coisa sua fraqueza e sua insuficiência, quase sempre tem razão. Porém, o que ela nos propõe em troca? Será um retorno à indiferença, a um não ser que não deveria ter sido rompido? Será, pelo contrário, uma cooperação com essa criação imperfeita que a enriquecerá indefinidamente, ao revelar novos aspectos do ser que ela convocava, mas que deixava nas sombras? A crítica mais forte engrandece as coisas de que fala, a mais fraca sempre as diminui.

Porém, a maldade pode atacar quase com certeza os maiores seres, pois provoca neles uma certa reação de cólera ou de amor-próprio que sempre os diminui, e que a justifica.

6. Hostilidade contra os espirituais

Ninguém realiza a própria vida inteiramente sozinho, mas apenas pela mediação dos outros homens. Tenho necessidade da amizade que me confirma e me ajuda, mas também do ódio que me põe à prova, que me obriga a tomar consciência dos meus limites, a aumentar-me, a me purificar sem cessar, que me torna cada vez mais fiel a mim mesmo, que me defende contra todas as tentações da facilidade ou do sucesso, que me obriga a fechar-me sobre a parte mais profunda, mais secreta e mais espiritual de mim mesmo, em que os ataques são impotentes, em que eles não encontram objeto nenhum que possam atingir e que possam destruir. Assim, é necessário que o homem mais espiritual seja também o mais odiado, porque o ódio é apenas o amor submetido, com ciúmes de si mesmo, e irritado com sua própria impotência. A sorte do justo que nos descreve o Evangelho está sempre diante dos nossos olhos.

O ódio mais tenaz é aquele que tem como objeto os que mostram uma indiferença real, e não apenas fingida, em relação aos bens que os outros homens mais estimam. Ele se agrava ainda mais naqueles que os detêm e que têm o poder de utilizá-los: são esses, então, que se julgam desprezados e privados dos únicos meios de ação com os quais podiam contar.

O menor progresso espiritual nos tira o apoio dos outros homens, que enxergam em nós um ser que começa a bastar-se.

7. Orgulho e humildade

A maior fonte de humildade para os espíritos mais profundos é a presença do corpo, que é para os espíritos mais superficiais a fonte de todas as vaidades. Essa convivência com o corpo, o qual, devemos dizer, nos pertence, e que a maioria dos homens diz ser nós mesmos, a necessidade que temos de atender suas necessidades, de suportar suas misérias, de aceitar que ele nos revele e que nos mostre, que nos torne, por assim dizer, públicos, por meio de uma espécie de indiscrição contínua, eis o que mais nos obriga a nos humilhar. Porém, a verdadeira humildade é uma atitude metafísica singularmente rara, este último rebaixamento de todo o nosso ser na direção do chão, que exige um supremo soerguimento da nossa alma para Deus: afinal, qualquer pessoa só seria capaz de aniquilar a si própria se fosse para que Deus ocupasse o lugar vazio. E era somente em Deus que podia realizar-se o abismo da humildade, que é o milagre da Encarnação voluntária.

Existe uma falsa humildade, que é um orgulho verdadeiro por meio do qual desprezamos tudo aquilo que os outros possuem ou estimam, felicitando-nos interiormente por estarmos acima disso tudo, e no entanto sermos os únicos a humilhar-nos. O humilde não precisa rebaixar-se diante de Deus para elevar-se diante dos outros homens, tirando vantagem contra eles desse rebaixamento que ele é o único a conhecer. Ele espera do outro sempre mais do que de si mesmo. Não há nenhuma atitude mais difícil de manter do que a verdadeira humildade, aquela contra a qual o amor-próprio não busca nenhuma vingança.

Somente a humildade pode produzir a brandura. O orgulho é sempre impaciente e colérico. E o orgulho de ser brando aboliria a brandura. Porém, aquele que é brando nunca pensa o bastante em si para irritar-se contra os outros. O orgulho nos torna tão gloriosos daquilo que somos que nos deixa descontentes em relação aos maiores bens que nos podem ser dados; por outro lado, a humildade, que nos torna descontentes com o que somos, nos permite gozar as menores coisas que recebemos; e a mais perfeita humildade também nos deixa contentes desse pouco que somos, por mais desprezível que isso nos pareça.

8. A humildade e a estima dos outros

Somente a humildade é capaz de nos prender no chão em que nos enraizamos; ela nos obriga a nos apoiar nele e nos preserva de todas as quedas. E ela só parece uma virtude porque o orgulho, que faz do eu o centro do mundo e que eleva até o infinito essa pequena parcela do real que ocupa, é de todos os pecados o mais forte, de modo que ela nos obriga a reformar, considerando aquilo que nos falta, o juízo que ele faz de nós mesmos. Porém, isso é para nos permitir encontrar nossa própria medida.

Isso porque a humildade nunca é esse desprezo de si que nos avilta, e que quase sempre marca um ressentimento contra nós mesmos e contra o universo de que fazemos parte: ele nos tira todos os nossos recursos, ao passo que a humildade os circunscreve para utilizá-los melhor.

Porém, aí existem muitas dificuldades. Nunca nos vemos da mesma maneira como vemos o outro. Quando somos juiz e parte, é injusto aplicar a regra comum. É preciso que, em nós mesmos, o olhar se dirija apenas a nossos deveres e, no outro, a seus direitos. Contrariamente aos juízos grosseiros dos seres mais baixos, que apreciam o que vem deles e desprezam o que vem do outro, os seres mais nobres consideram nada aquilo que fizeram e sempre encontram naquilo que veem ser feito alguma faculdade que admiram e da qual se julgam privados; os primeiros só sabem ser exigentes em relação aos outros, e os segundos, em relação a si mesmos. Nesse caso a humildade, permanecendo o contrário do orgulho, torna-se a marca da nossa elevação.

A verdadeira humildade consiste em estimar mais o outro do que a si, em observar nele aquilo que ele tem e, em nós, aquilo que nos falta. Quando todos pretendem dar lições ao vizinho, a humildade é uma aptidão a ser ensinada. Ela firma entre os homens os laços mais estreitos; afinal, posso repelir aquilo que outro me impõe, e até aquilo que ele me dá; porém, me associo a ele por aquilo que tenho a humildade de pedir-lhe, ou até de tomar-lhe.

9. Ser simples, jamais humilde

A palavra «humilhação» encerra uma ambiguidade que nos revela a ambiguidade mesma da nossa vida. Ela é ao mesmo tempo o sinal da mais desprezível covardia, que é aceitar todas as humilhações sem ser capaz de reerguer-se, e da coragem mais rara, que é recebê-las sem ceder ao rancor e ao desejo de vingança. O rebaixamento nem sempre é sinal de baixeza. Acontece até de o orgulho às vezes habitar a alma daquele que, humilhando-se mais perfeitamente diante de Deus, deixa entender que nunca se humilha diante de outro homem.

Afinal, existe aí uma dignidade que o indivíduo deve manter, e sem a qual, qualquer que seja o rebaixamento a que se encontra reduzido, ele renegaria a presença nele de uma alma capaz do mais elevado destino espiritual; no entanto, ele tem o sentimento de uma miséria mais profunda do que todos os ultrajes, e que o obriga não apenas a perdoá-los, como também a aceitá-los.

Quase sempre, as humilhações ferem nosso amor-próprio em algum ponto sensível: porém, cabe a nós cauterizar a ferida curando-nos do amor-próprio no ponto mesmo em que ele se inflamou.

A humildade só pode ser uma atitude momentânea e provisória da vontade que procura remédios para o amor de si, para a vaidade ou para o orgulho, assim como viramos um bastão no sentido oposto para endireitá-lo. Porém, o objetivo que desejamos atingir é a retidão que reside na simplicidade. A intenção deve ser reta, e é somente à realidade e à vida que nossa alma deve ser dobrada a fim de que seja obrigada a aplicar-se sempre com exatidão à flexibilidade infinita de seu contorno.

10. A avareza, ebriedade da pura potência

A avareza é, junto com o orgulho, o vício mais profundo do amor-próprio. A avareza se opõe à cupidez porque ela é a avidez de poupar, e não a de adquirir. Ela goza daquilo que possui, e não arrisca isso para possuir mais.

O avaro é um solitário cujo gozo é sempre secreto, pois ele não pode nem o mostrar, nem o compartilhar sem arriscar sua riqueza que lhe dá esse gozo, e que deixa de ser só dele. Ele tem ódio dos seus próximos e dos seus herdeiros, pensando que eles têm algum direito sobre ele. Ele abrange com um único olhar todas as possibilidades que o ouro representa sem realizar nenhuma delas, nem na imaginação. Ele nem sequer imagina, como se pensa, todos os bens que poderia dar a si mesmo e que para ele são, pelo contrário, os maiores dos males, pois destroem a única coisa que ele consegue amar. Ao tentar imaginá-los, ele já começaria a dispersar e a corromper o prazer que lhe dá o puro poder que ele julga ter sobre eles.

A avareza é um vício de velhice que supõe uma longa experiência, a qual busca acumular os meios de dar-se todos os gozos que poderiam satisfazê-la, e que despreza os gozos mesmos. É uma ebriedade da faculdade, a qual, como bem se vê, pode estender-se sobre todas as coisas, mas da qual não se faz uso nenhum, por medo de diminuí-la ou de aniquilá-la. Bem se pode dizer que o avaro goza de uma pura possibilidade, mas se trata de uma possibilidade real e não imaginária, pois o ouro que a representa está ali; ele goza menos ainda por sentir que poderia convertê-la em objeto de gozo sensível do que por saber que sempre se recusará a fazê-lo.

A avareza é um vício sutil, um vício do intelecto e jamais da carne. Talvez seja o vício do intelecto por excelência, pois ela é o prazer que nos dá a possibilidade indeterminada de todos os gozos, possibilidade que só pode ser pensada e que, para nós, vale mais do que todo gozo sentido. A avareza é inseparável do pensamento de uma faculdade pura capaz de crescer indefinidamente e que deve ser mantida no estado de potência para que seu exercício não a diminua.

O dinheiro recolhe em si a satisfação ideal de todos os desejos ao mesmo tempo: porém, o desejo do dinheiro repele a satisfação de todo desejo particular, ele repele até mesmo sua imagem. A avareza é portanto a única paixão que nunca se deixa aprisionar por seu objeto, não apenas, como se diz, porque o dinheiro não gasto pode acumular-se sem cessar, mas também porque o dinheiro representa todos os bens ao mesmo tempo, sem que no entanto eu seja obrigado a aplicar meu pensamento a algum deles, nem pará-lo nos limites mesmos do gozo. É aquele dentre todos os homens que tem menos necessidade de dinheiro, um asceta voluntário. Ele ama sua presença e detesta seu uso. Ele é o mais absurdo dos seres: porém, é também aquele que dá a si as alegrias mais desinteressadas, alegrias estritamente sem conteúdo. O desejo pelo dinheiro permitiu-lhe triunfar sobre todos os seus outros desejos. Ele sabe que o dinheiro que nos permite satisfazê-los nos põe acima deles, e que o gasto, que os destrói, nos põe outra vez sob seu jugo.

A alegria do avaro encerra portanto uma contradição, mas que torna essa alegria singularmente aguda; afinal, ele pode permitir-se tudo e não se permite nada; ele possui tudo e não possui nada. Ele tem o poder de transformar uma posse virtual numa posse atual, mas se deleita em nunca usar esse poder. Daí a atração pelo ouro, que tão rapidamente toma o lugar da atração pelo prazer, que o obriga a suportar tantas penas, que pouco a pouco se torna inimiga do prazer e sempre termina por evitá--lo, depois de ter parecido buscá-lo. Há na demanda do ouro do Reno a marca de uma perversidade mental que se encarniça na busca dos bens da terra, que subordina a eles todo seu esforço, e que no entanto nunca os possuirá, e que para sempre só possuirá o esforço mesmo que faz para possuí-los.

11. Ouro espiritual

Assim como existe uma avareza material, existe uma avareza espiritual. Na vida do espírito, vemos poupadores e pródigos. Porém, também existem aqueles que acumulam sem fim tesouros de que jamais farão uso: eles temem perder tudo exatamente ali onde se trata de perder tudo a fim de ganhar tudo, e de fazer bom negócio com o finito que só é nosso para ter diante de si o infinito que é de todos.

O dinheiro nos fornece uma imagem muito boa de todos os bens espirituais. Afinal, ele é o contrário deles, e no entanto obedece à mesma lei. Ele é o contrário deles, pois só representa aquilo que pode ser comprado e vendido, isto é, aquilo que pertence à ordem da matéria e produz em nós gozos que basta sentir. Os bens espirituais, por outro lado, dependem de um ato interior que somente nós podemos realizar, de um consentimento da nossa alma que somente nós podemos dar.

Porém, o dinheiro também é o mais puro de todos os bens da fortuna. Ele se acumula indefinidamente, desde que permaneça virgem e sem uso. Ele contém todos os outros: é o puro poder de adquiri-los. Entendemos que a avareza seja, de todas as paixões, a mais violenta e também a mais horrível, porque ela é quase espiritual por seu desenvolvimento, e porque conduz inclusive à ascese, ainda que seja apenas o universo das coisas sensíveis que ela tente pôr em sua dependência.

Ainda que o avaro só pense no futuro do qual quer tornar-se senhor por antecipação, nele porém é observado um esforço para escapar ao tempo preservando da usura e da ruína todos os bens materiais aos quais o tempo os condena, ao transportar para o presente, no qual dispomos da ideia, um prazer que a maioria dos homens espera do futuro, o qual é o único a poder realizá-lo. É nisso que consiste o paradoxo da avareza, que transfere ao dinheiro as características que só podem pertencer à atividade do pensamento: afinal, só ela é exercida no presente, ao passo que o dinheiro conta com o futuro; ela só se realiza na posse da ideia, ao passo que o dinheiro só tem sentido caso um dia se converta num gozo.

A avareza espiritualiza nossa atividade, mas sem no entanto a separar dessa matéria a que está ainda mais submetida do que se admitisse fazer uso dela.

Ela aplica à ordem física um procedimento que tem a mais alta importância na ordem moral, pois pode-se perfeitamente dizer que as faculdades da vida interior são ações contidas; porém, ela a altera profundamente, pois nesse caso faculdade nenhuma pode ser separada de seu uso, o qual, longe de arruiná-la, fortalece-a. Ela é propriamente espiritual sem dúvida não por aquela abstinência em relação a toda ação que poderia diminuí-la, mas por um desinteresse e por uma generosidade que a obrigam a agir sempre, sem pensar se, no curso de uma ação, ela poderá ganhar ou perder.

Existe um verdadeiro ouro espiritual do qual o outro é apenas uma imagem, que nos atrai e que sempre nos engana. Somente este pode fazer nascer em nós a avareza, que é o medo de vê-lo desgastar-se e perder-se quando é utilizado. Por outro lado, o ouro espiritual só tem propriamente existência nesse uso mesmo que se faz dele, que o produz, e que o aumenta indefinidamente, como se vê no exercício do pensamento, do querer ou da caridade. No entanto, há em nós uma espécie de materialismo natural que nos inclina a considerar que todos os bens do espírito como que deveriam ser guardados e preservados apenas para nós mesmos, como se estivessem sempre prontos para ser desperdiçados e corrompidos assim que são partilhados, ao passo que a sabedoria verdadeira seria, pelo contrário, olhar os bens materiais como bens que só são bens no momento em que são usados, e capazes ao mesmo tempo de crescer e de mudar de natureza, isto é, de espiritualizar-se, pelo bom uso que se faz deles.

COMÉRCIO ENTRE OS ESPÍRITOS

1. Os dois sentidos de «comum»

A vida só tem sentido para aquele que, penetrando num universo espiritual que é o mesmo para todos, descobre em si o lugar de sua existência própria e a marca de seu destino pessoal. Aí está a presença total na qual todos os seres comungam. Vemos que são as coisas mais comuns que são as mais belas, como o ar, o céu, a luz e a vida. E, na alma também, são os sentimentos mais comuns que nos dão as alegrias mais puras.

Porém, há uma existência feia e comum que começa justamente a partir do momento em que o indivíduo se separa dessa comunhão sempre disponível e que, para distinguir-se de todos os outros, ele se fecha em seus próprios limites e só deixa aparecer do lado de fora os instintos do corpo e os movimentos do egoísmo. Por uma espécie de paradoxo, não tendo mais nenhuma relação com o ambiente comum de toda a existência, mas apenas com outros indivíduos separados, ele acaba por imitá-los, a fim de pelo menos não lhes ser inferior em nada, caso não espere superá-los. Essa falsa semelhança abole, em vez de firmar, todos os laços reais pelos quais os seres podem unir-se. É o corpo que age neles, ou a vaidade, sem que o espírito seja consultado: e essa é a existência comum no sentido mais miserável que pode ser dado a essa palavra.

O comum é portanto ao mesmo tempo a perfeição da nossa atividade, quando ela descobre a fonte da qual se alimenta, e sua decadência, quando ela desiste de toda iniciativa e se deixa levar pelo exterior. Porém, a verdadeira distinção do espírito consiste em abandonar incessantemente as coisas que são comuns no segundo sentido, para descobrir aquelas que o são em primeiro lugar.

É portanto necessário prestar atenção quando se fala das coisas comuns, pois isso pode ser aquilo que se obtém e que se possui sem esforço, isto é, aquilo que se imita, ou ainda, aquilo que é o mais raro e o mais difícil, porque obriga todos os seres a ultrapassar-se num princípio em que comungam. E o risco que se corre nas sociedades em que o número governa é que os indivíduos preferem as coisas que só se tornam comuns por meio de um egoísmo repetido àquelas que só poderiam tornar-se comuns por meio de um egoísmo superado.

2. A separação que une

A separação e a união chamam uma à outra e se reconciliam na cooperação viva de dois seres em vista de um certo fim que os ultrapassa a ambos, e para o qual cada uma delas contribui segundo seu próprio gênio.

Elas não são apenas solidárias como são dois contrários. Cada uma delas é um meio que tem de estar a serviço do outro. É o ser mais pessoal e mais solitário que é capaz de realizar o ato de comunhão mais desinteressado e mais puro. E toda comunhão não passa de uma armadilha, ela nos destrói em vez de nos fortalecer caso não nos dê ao mesmo tempo uma consciência mais viva da nossa existência separada.

Isso porque tudo que nos separa forma também o intervalo que permite nos unir. E os seres só podem comunicar-se a partir do momento em que reconhecem e em que aceitam as diferenças que os distinguem. Então, cada qual leva ao outro uma revelação que ele não poderia encontrar em si mesmo. É um erro acreditar que procuro à minha volta seres idênticos a mim e que reproduzem todos os meus pensamentos e todos os meus sentimentos. É um erro crer que procuro apenas neles uma semelhança comigo, negligenciando a parte individual de sua natureza que foram seu ser «eu», que é o ponto mesmo em que os encontro e que preciso atingir para que minha solidão seja rompida.

Se os homens chegassem a reconhecer a inimitável singularidade de toda existência individual, imediatamente veriam dissipar-se neles o egoísmo e o ciúme, experimentariam uma admiração mútua, que os levaria a invocar-se um ao outro, ao invés de repelir-se. Afinal, é essa singularidade de cada ser que expressa a parte de absoluto da qual ele é, por assim dizer, portador, e que faz com que o mundo inteiro se interesse pelo seu destino, por mais miserável que pareça. Penso exatamente o contrário daquilo que você pensa, mas também penso que o seu pensamento, assim como o meu, é necessário para a ordem do mundo, e que, sem o seu, o meu não encontraria no mundo nem lugar, nem apoio, e ficaria ao mesmo tempo sem razão de ser e sem verdade.

Porém, o homem sempre tenta perseverar em seu ser, e por conseguinte proteger seu próprio tipo. Toda diferença é odiada por ele como contestação de sua essência individual, como ataque que se lhe dirige. Mal chega a ser necessário que ele desconfie que nessa diferença há o menor sinal de superioridade: basta que ele se esquive de sua influência, que atraia para ela o olhar para que se sinta diminuído, já desamparado, esquecido e prestes a desaparecer no seio de um universo que o nega. A revelação do «outro que não sou eu» é a revelação do universo sem «eu», que ainda pode subsistir e me excluir.

As diferenças que contrapõem os homens uns aos outros são uma prova que os julga. Os mais fracos e os mais egoístas são ofuscados por elas, e só pensam em aboli-las. Os mais fortes e os mais generosos sempre tiram delas mais alegria e mais riqueza: eles desejam não que elas se apaguem, mas que se multipliquem. E, na descoberta de seus próprios limites, eles se sentem tão bem sustentados por aquilo que os ultrapassa que todos os seres que povoam o mundo tornam-se amigos para eles.

3. A identidade das relações com o outro e das relações consigo

As relações que os outros homens têm conosco são sempre uma imagem das relações que temos com nós mesmos. Cada qual experimenta até certo ponto, em relação a si, os sentimentos de antipatia ou de irritação que os outros têm por si.

Porém, essa identidade das relações que temos com os outros com as relações que temos com nós mesmos é muitas vezes sutil e difícil de reconhecer. Assim, quem persegue alguém com ódio, como se quisesse aniquilá-lo, muitas vezes se vinga nele pelo fracasso do mesmo personagem cuja presença sente em si, e que teria podido ser.

Aquilo que é meu são todos esses movimentos em mim da natureza que lhe agradam ou desagradam, caso você encontre em si um primeiro ímpeto semelhante ou contrário.

Porém, aquilo que é meu ainda não é eu: porque aquilo que é eu é o ser que acolhe todos esses movimentos ou que os dirige, que se compraz neles ou que os cede, que lhes resiste ou que os combate. Acontece de eles poderem desagradar você pelo amor mesmo que você tem por mim, assim como podem me desagradar a partir do momento em que consinto em me separar deles, em deixar de ser seu cúmplice; acontece de aquele que tem aversão por mim se regozijar por ver-me livre deles. Eles de fato pertencem a este mundo da natureza em que estou preso, mas no qual sou obrigado a escolher, no qual não há nada que me seja proposto cujo sentido eu não possa mudar, que eu não deva espiritualizar e transfigurar. E o que define a amizade não é de maneira nenhuma os louvar, mas me ajudar a tomar posse deles com uma tranquilidade lúcida, com o objetivo de fazer deles um bom uso, de amaciá-los e de reerguê-los.

4. Agir para os outros

Pedem-nos que ajamos em relação aos outros assim como agiríamos em relação a nós mesmos. Porém, assim como preciso proporcionar-me o espetáculo do mundo e não o espetáculo de mim mesmo, porque, segundo o espectador, não posso ser ao mesmo tempo o objeto do espetáculo, também não é para mim que devo agir, mas para o outro; e nunca posso ser o fim da minha ação, precisamente porque sou o autor dela. Assim são curados ao mesmo tempo os perniciosos efeitos dessa necessidade de conhecer-se que levou Narciso ao túmulo, e desse egoísmo da ação que, ele também, sempre sucumbe.

Ora, por um paradoxo maravilhoso, é quando paro de me olhar e quando olho aqueles que estão à minha volta que conheço a mim mesmo sem ter pensado em fazer isso: é quando paro de buscar meu próprio bem e quando procuro o dos outros que encontro também o meu. Todo raio de luz deve iluminar o mundo antes de voltar para iluminar a mim mesmo. Toda ação que me enriquece é uma ação desinteressada, e só cresço por meus sacrifícios. Assim, o mundo não é aquilo que ele deve ser, sua perfeita unidade só se realiza se, nessa reciprocidade que une entre eles todos os seres, cada um deles faz pelos outros precisamente aquilo que se recusa a fazer por si mesmo; porém, ele obtém, então, pela abdicação do desejo, muito mais do que seu desejo podia ter a expectativa ou a esperança de obter, não porque os outros, por sua vez, só ajam para ele, pois essa habilidade do desejo não muda seu sentido, mas porque a ação que não tem nenhum retrogosto de gozo é também a única que me eleva e que me fortifica.

Porém, diz-se que a última palavra da moral é amar os outros assim como amamos a nós mesmos, é fazer por eles aquilo que faríamos para nós mesmos. Parece que aí está tudo o que poderíamos pedir à nossa fraqueza. Porém, esse crescimento do egoísmo o contradiz e o quebra. Pode-se dizer igualmente que aquele que ama de verdade é também o único que não cogita amar-se, e que o amor dos outros é o único que pode ser puro; no fim, ele se torna o modelo que rege o amor de si e que, por sua vez, purifica-o.

Julgamos que a árvore cuja seiva é a melhor é aquela que dá os frutos mais belos; para que ela não morra e continue a frutificar, é preciso que ela se separe dos frutos a cada estação; então, eles se transformam em alimento.

5. Nunca tentar agir sobre o outro

Sem dificuldade vemos que a verdade é um ato vivo, que ela não pode ser encontrada sem que a produzamos em nós mesmos, e sem convidar o outro a também produzi-la em si mesmo. Ela é provada por sua eficácia, pela comunicação que ela estabelece entre nós e o universo, entre nós e todos os outros seres, no conhecimento do mesmo universo. No entanto, há entre as consciências um comércio mais profundo e mais pessoal cujo desaparecimento sempre lamentamos, mas que não deve ser nem buscado nem desejado: é preciso que ele seja um efeito, sem ter sido em primeiro lugar um fim.

Afinal, nesse efeito pelo qual tentamos nos comunicar com o outro, há fronteiras que devemos aprender a não cruzar: essas são as fronteiras que separam as vocações particulares umas das outras. Há em sua diversidade uma beleza, uma perfeição, que é preciso ser capaz de conhecer e de respeitar.

Tentar forçar essas fronteiras é atacar a delicadeza do ser individual nesse mistério único e incomparável que é o seu. Desperdiçamos nisso muito esforço, sempre nos empenhamos em querelas vãs. E sempre corremos o risco de que o amor-próprio se misture e engendre muita incompreensão, ressentimento e amargura.

Como é vã a tentativa de solicitar um comércio que nos foge o tempo todo! Será preciso, porém, contentar-se em dizer que ele exige certas relações excepcionais entre dois seres privilegiados? Porém, cada qual, por direito, pode obtê-lo com todos. Só que ele tem modos infinitamente diversos, não apenas como os próprios indivíduos, mas como as situações respectivas de cada um deles em relação a tal ou qual outro. São vias diferentes que devemos ser capazes de discernir. Aquilo que me une a este me separaria daquele. A diversidade desses caminhos só pode ser reconhecida com uma grande delicadeza. Aquele que os confunde estraga tudo. Aqui, regra nenhuma pode nos servir de apoio, boa vontade nenhuma é suficiente. E pode-se dizer muito bem que é preciso mostrar-se exatamente como somos; porém, nós mesmos somos diversos, com diversas superfícies de contato e diversos meios de apreensão. Aqui não é de maneira nenhuma a habilidade que conta, mas a verdade. As relações de um ser com os outros seres só podem tornar-se reais onde certas possibilidades são respeitadas. Para nós, trata-se de descobri-las, o que nunca acontece sem muitas tentativas, conflitos e fracassos. É somente essa proporção exata de cada um e de todos que pode permitir aos seres individuais reconhecer sua essência própria e unir-se no absoluto.

6. Discrição

Só agimos sobre outro ser quando não queremos. Afinal, a intenção que sinto em você de conquistar meu assentimento me põe em guarda e me impede de dá-lo. Ela altera e corrompe seu próprio pensamento, que não tem mais consideração por si mesmo, mas apenas pelo sucesso que busca obter. Todos só agem por aquilo que são, e nunca por aquilo a que visam. Caso se tente insinuar-se em outra consciência a fim de reduzi-la, é por um desígnio do amor-próprio que altera nele a pureza mesma de seu olhar espiritual. Ele põe no lugar dele um desejo temporal de sucesso que basta para servir-lhe de obstáculo, e às vezes um chamado patético que só produz surpresa, resistência ou frieza, e que cega ao invés de esclarecer. Corrompemos nosso próprio pensamento ao querer que ele triunfe, em vez de tentar unicamente dar-lhe sua forma mais perfeita e mais despojada. Aí está seu único triunfo.

Só começo a me interessar pelo outro quando ele sente em mim um perfeito desinteresse e até, se se pode falar assim, uma indiferença em relação a convencê-lo. É aquele que se refugia mais profundamente no coração mesmo de sua própria essência, perdendo toda preocupação de atrair o olhar ou de ser entendido, que tem mais chance de conseguir. Afinal, o charlatão que só procura a aparência só reúne corpos em torno de si. É preciso sempre que eu me mostre ao outro assim como sou, em minha própria força e em meu próprio equilíbrio, sem aspirar a ser um modelo para ninguém, com a consciência de meu próprio destino, com o pensamento de que todos também têm o seu, e que estão prestes a comunicar-se, a partir do momento em que deixam de querer submeter-se.

A perfeita humildade, a certeza tranquila de que nossos pensamentos só interessam a nós, que os carregamos, e que neles encontramos um apoio, mesmo que não obtenham nenhum eco, dá também à nossa alma essa presença constante a si mesma, essa firmeza e esse vigor inabaláveis que acompanham a inocência redescoberta. E isso diminui singularmente o alcance de todos os meios pelos quais a maioria dos nossos contemporâneos tenta agir, produzir algum efeito visível, obter alguma influência no exterior dos outros homens. Todos esses meios fracassam, e é justo que seja assim. Porque a única coisa que importa é ser e não agir. Ou, pelo menos, se é verdade que só posso ser ao agir, essa ação é apenas um testemunho por meio do qual mostro aquilo que está em mim e por causa do qual devo esperar não que eu seja admirado e imitado, o que não é nada, mas que produza em todos os seres um chamado a criar uma obra que lhes é própria num destino que nos é comum.

Assim, é preciso ser muito prudente nas relações com os outros homens, e não querer forçar uma resposta que se recusa, não odiar nem tentar abolir a diferença que nos separa deles. É no respeito que temos por ela, em nossa discrição em relação a ela, na expectativa mesma de que ela se revele, que encontraremos o caminho que nos conduzirá um dia para a fonte comum de nosso segredo duplo. Todo indivíduo sempre resiste à ação que outra pessoa pretende exercer sobre ele, ele repele o olhar que penetra e viola sua intimidade. Porém, ele responde com um extraordinário ímpeto de confiança e de alegria a todo apelo na direção de uma presença invisível na qual ele se alimenta e que, assim que outro ser a evoca, deixa de ser uma ilusão, um jogo, uma esperança, para tornar-se a presença mesma do Deus vivo que funda sua existência pessoal, a vocação que lhe é própria, sua comunidade atual com todos os outros seres.

7. Luz da caridade

A caridade é, de todas as atitudes da alma, ao mesmo tempo a mais simples e a mais difícil: é uma pura atenção à existência do outro. Porém, a caridade é amor, e o amor nunca é, como se costuma crer com demasiada frequência, um movimento da paixão que cega o espírito em vez de iluminá-lo. No comércio espiritual mais perfeito, diz-se de dois seres que são de inteligência: eis aí um cume que não pode ser ultrapassado, mas que somente o amor é capaz de atingir. Então acontece de ele não ser mais reconhecido: é porque não subsiste nele mais nenhuma sombra, e porque ele não se distingue mais da luz pura.

Não posso renunciar a aconselhar os outros homens, a reformar seu pensamento ou sua conduta, a buscar um acordo entre mim e eles, a querer que tenham as mesmas preferências e sigam as mesmas máximas. E isso sem dúvida porque tento reinar sobre eles, encontrar neles a confirmação e o prolongamento daquilo que sou. Mas é também porque sei que todas as consciências são a mesma, e buscam a mesma verdade e o mesmo bem.

E no entanto há também em cada ser um desejo de independência por meio do qual ele se separa dos outros seres, recusa ao mesmo tempo impor-lhes sua lei e submeter-se à deles, e tenta defender a originalidade de sua própria vocação mais do que entrar com eles numa mesma comunidade. Só que esses dois anseios são o mesmo. E ninguém descobrirá seu gênio próprio sem descobrir a fonte de inspiração da qual procede o gênio próprio de todos os outros seres, o que por conseguinte os aproxima tanto mais uns dos outros quanto cada qual é mais fiel a si mesmo.

8. Carregar os fardos uns dos outros

Haverá algum homem que possa prestar o menor socorro a outro homem? Não haverá um retiro solitário em que cada ser permanece inacessível? Desde que, pelo contrário, ele se preste a uma ação que vem de um outro, deve-se dizer que sua solidão se rompeu, ou que ele encontrou consigo um caminho de superfície que deixa separados os abismos profundos de sua vida secreta? Se é até aí que nossa faculdade de penetração é capaz de descer, será que ela não pode ser benfazeja ou cruel? Nosso desespero se agrava por ser descoberto, ou experimenta um alívio por ser partilhado?

«Carregai os fardos uns dos outros e assim cumprireis a lei do Cristo.» Mas, dirá você, já não tenho fardos meus o bastante? Será que posso mesmo carregar o fardo de outra pessoa? Como ficariam os meus? E não haveria numa pretensão como essa mais indiscrição do que generosidade, e mais temeridade do que delicadeza? E, no entanto, como aquele que conhece só pode conhecer o mundo e não a si mesmo, a responsabilidade que cada qual julga assumir em relação a si é a responsabilidade que assume em si em relação ao mundo. Minha própria miséria, eu apenas a padeço, a necessidade me obriga a tal. Para isso, o egoísmo basta. Agora, quanto à miséria do outro, é por um ato de liberdade e por um ato de amor que consigo me encarregar dela.

Se se pode dizer que a palavra «servir» é a mais bela da língua, é porque ela marca bem nossa subordinação a um bem cujo caráter específico é sempre nos ultrapassar. E, quando servimos, nos obrigamos a cruzar nossas próprias fronteiras, para encontrar além delas o objeto mesmo de nossa ação. Então cooperamos com a obra da criação, em vez de nos reduzir a ser apenas uma coisa criada, ou a tomar para nosso próprio uso as coisas já criadas.

9. Receber e dar

Dizem que você só pode receber aquilo que você mesmo dá, e que, para ser capaz de receber uma dádiva, é preciso ser capaz de fazê-la.

Porém, a honra que fazemos a Deus não consiste em não lhe dar nada, mas em mostrar-nos dignos de receber seus bens. E se o homem bom não pode ser honrado pelo mau, é porque ele é incapaz de receber algo dele.

Ora, o maior bem que fazemos aos outros homens não é lhes comunicar nossa riqueza, mas lhes revelar a sua. Isso porque ninguém recebe nada como um bem que lhe seja estrangeiro. Assim, ele só pode receber a si mesmo como dádiva. Toda dádiva recebida é a descoberta em si de um poder que tínhamos sem suspeitar. Porém, a partir do momento em que ele nos é revelado, ele nos parece mais íntimo a nós mesmos do que tudo aquilo que pensávamos ter.

E se o que define a consciência é nos fazer penetrar numa presença que nos ultrapassa, entendemos que o único que tem consciência do bem é aquele que o recebe e não aquele que o faz. Afinal, aquele que o recebe, para fazê-lo, só precisa agir segundo sua própria natureza, ao passo que aquele que o recebe enriquece a própria vida com uma faculdade que trazia consigo, mas que não exercitava enquanto estava só.

Assim, se não há nada mais estéril do que uma dádiva que não é recebida, pode-se dizer que é aquele que recebe a dádiva que faz dela uma dádiva, que obtém sua eficácia e sua virtude.

10. Grandeza reconhecida

Sem dúvida, homem nenhum é capaz de formar sozinho seu próprio gênio: basta que ele saiba discerni-lo e permanecer fiel a ele. Ainda assim, ele não chega a isso inteiramente só: os maiores sempre têm necessidade de ter certeza por meio dessa resposta ou dessa simpatia secreta que encontram em certos seres muito simples que o destino pôs bem perto deles, e que basta para consolá-los da ignorância e do desprezo em que são mantidos pelo maior número.

Isso porque o valor de um ser nunca reside naquilo que ele é, mas numa verdade cuja presença ele reconhece em si e da qual ele é o intérprete: e, para não se sentir ameaçado pela dúvida ou pelo desespero, é preciso então que ele tenha o sentimento, ao menos por um instante muito curto, de que a luz que ele recebeu pode ser partilhada. O sinal mesmo da grandeza é ter sabido realizar em si esse vazio interior, esse perfeito silêncio do indivíduo, isto é, do amor-próprio e do corpo, em que todos os seres ouvem a mesma voz que lhes traz uma revelação comum. As maiores coisas, por sua vez, nunca deixam de produzir esse silêncio.

A consciência mais pura é sempre a mais transparente. É na abdicação de si, em que todas as suas faculdades parecem abolir-se, que o indivíduo se realiza, que ele sente nascer essa confiança interior que lhe permite crescer e realizar-se. E, quando a atenção é a mais dócil e a mais fiel, a ação é a mais pessoal e a mais eficaz.

Portanto, não existe grandeza nenhuma do indivíduo enquanto tal, ou ao menos sua grandeza própria pode ser sempre contestada. Pode-se até dizer num sentido que não há nenhuma outra grandeza além daquela que é reconhecida ou que pode sê-lo, o que com frequência leva a equívocos ou faz com que ela seja julgada pelos aplausos. Porém, dela encontramos, em nós, as marcas mais secretas: a de suscitar todas as nossas aspirações e ao mesmo tempo satisfazê-las; fazer germinar em nós todas as sementes mais belas e mais fecundas; romper as fronteiras da nossa solidão e nos tornar, por um momento, iguais a todo o universo.

Assim, é verdadeiro dizer que os maiores homens são grandes não por aquilo que eles nos dão, mas pelo acolhimento que somos capazes de dar a suas dádivas. Sua grandeza, num certo sentido, eles a devem a nós. Nela não entra nada além do que as riquezas mesmas que recebemos deles no momento em que nos tornamos capazes de reconhecer sua origem, isto é, de lhes devolvê-las.

11. Afinidades espirituais

O centro mais sutil da vocação não reside de maneira nenhuma na escolha do trabalho para o qual fomos feitos e que só põe em jogo a ação que podemos exercer sobre as coisas, mas na escolha das nossas amizades, dos homens em meio aos quais gostamos de viver, que nos entendem e que nos ajudam, com os quais experimentamos uma familiaridade constante, e que, ao invés de contrair nosso gênio pela provocação ou pela hostilidade, sustentam-no e permitem seu desenvolvimento.

Reconhecer suas afinidades espirituais e nunca transigir com elas é o segredo da força, do sucesso e da felicidade. Também o escritor tem necessidade de um círculo de simpatia que consolide sua confiança em si mesmo e que permita a sua obra crescer e amadurecer. Talvez haja até aqueles que tenham perdido seu destino por não o ter encontrado e ter sabido criá-lo, ou por não o ter reconhecido, ou por ter-se enganado a seu respeito. Assim como o escritor tem necessidade de um público que o compreenda e que o carregue, e que é muitas vezes tão mais ardente quanto é pequeno, todo homem tem necessidade de um meio que é como a terra vegetal sem a qual grão nenhum frutifica; porém, seria um erro pensar que esse meio nos é dado e que nos limitamos a sofrê-lo. Ele é, assim como todos os acontecimentos da nossa vida, um encontro da liberdade e da sorte.

Mesmo assim, é preciso ser prudente. Afinal, todos os seres que nos cercam, todos aqueles que são postos em nosso caminho, são ocasiões ou provas que não temos o direito de afastar, de modo que aquilo que nos é deixado é muito menos a escolha daqueles em meio aos quais somos chamados a viver do que o discernimento desse ponto de ligação entre o destino deles e o nosso, em que eles se fecundam um ao outro, ao invés de ignorar-se e de combater-se.

12. Amizades de eleição

Não há espírito nenhum que não busque um espírito aparentado ao seu com o qual possa sentir-se unido no pensamento e na busca das mesmas coisas. E, se formos pensar, é nessa comunidade do desejo que reside o verdadeiro fundamento do amor, muito mais do que numa busca mútua de si, com a qual ela costuma ser confundida, e que é propriamente sua perversão. O amor vai sempre além dos seres que se amam, até um objeto para o qual eles aspiram e no qual eles comungam. Ainda que ele seja universal e que nos obrigue a amar todas as criaturas como a inteligência que é igualmente universal e nos obriga a pensar tudo aquilo que é, entende-se que possa haver um ser de eleição para o qual é justo que ele se dirija, assim como a inteligência que se associa com predileção a uma única ideia na qual, porém, ela descobre a verdade por inteiro.

Há em mim uma amizade sempre prestes a nascer e, antes que a experiência me tenha decepcionado, me surpreendo porque nem todo rosto humano é para mim o rosto de um amigo. Porém, ela não é de maneira nenhuma uma dádiva que possa permanecer anônima. Afinal, sou um ser único e individual: minha intimidade comigo mesmo é sempre momentânea, local e carnal; e minha amizade tem os mesmos traços. Ela ainda é apenas uma possibilidade quando erra de um a outro: é preciso que, no fim, ela encontre pouso. Ela tem necessidade de alguém que também tenha nome, que esteja só assim como eu mesmo estou só, e cuja intimidade vá dele só para mim e não possa, sem contradição, oferecer-se a todos.

Todo homem pensa assim encontrar no mundo outro homem capaz de compreendê-lo, isto é, de sentir com ele um mesmo desejo. Porém, há uma espécie de encantamento que faz com que a identidade do desejo contraponha os seres uns aos outros na parte animal deles mesmos, como inimigos prestes a dilacerar-se e a matar-se, e os aproxime tão estreitamente na parte espiritual que eles se tornam amigos uns para os outros, isto é, cada um deles se torna propriamente a alma do outro.

O amigo é o ser diante do qual absolutamente não nos contemos, isto é, diante do qual nos mostramos como somos, sem fazer nenhuma distinção entre nós mesmos e o espetáculo que tentamos apresentar. Nele é abolida essa diferença, característica das nossas relações com os outros homens, entre o lado de dentro, que só tem realidade para nós, e o lado de fora, que é a aparência que mostramos.

O amigo, porém, é também o ser diante do qual não somos mais nada e nos tornamos capazes de nos reduzir, sem medo de nos humilhar, a uma pura interrogação a respeito daquilo que queremos e daquilo que valemos. O amigo é o ser diante do qual todas as potências da nossa vida interior podem ser experimentadas sem corar.

13. Um paraíso entreaberto

Há um ponto em que se começa com outro ser um comércio espiritual que muda todas as relações que tínhamos até então com ele e nos faz esquecer que elas podem ter existido sem ele. Esse comércio espiritual só se estabelece pela descoberta de um mundo em que cada um mostra ao outro aquilo que ele já estava prestes a ver, em que toda verdade recebe uma clareza interior que a converte em beleza, em que tudo aquilo que é parece confundir-se com um desejo que nasce e que se conclui.

Não há nada mais raro do que esse comércio; no mais das vezes, ele só acontece em clarões, seja com seres que só vimos uma vez, seja com os seres que nos são mais familiares. Quase sempre ele é mais pressentido do que vivido: é impossível fixá-lo ou fazê-lo renascer quando queremos. Afinal, ele nos faz escapar do mundo material, em que a vontade não consegue nem o apreender, nem o aprisionar. É um paraíso espiritual, mas que nunca fica mais do que entreaberto.

Todas as outras relações que temos com os homens, a equidade, a confiança, a simpatia, só têm sentido quando o figuram, o anunciam, e já nos levam a ele. Seu papel é buscá-lo, mas nem sempre elas o acham. Quando elas existem sem ele, expõem-se a todos os perigos. Afinal, desde que dois seres estão em presença, são dois estrangeiros que, à medida que aprendem a conhecer-se melhor, surpreendem-se por serem tão diferentes. Então começam a aparecer certos acordos, certas cautelas, a ideia de certos limites destinados a proteger em cada qual um asilo inviolável, às vezes uma cumplicidade mútua que aumenta nossa separação com todos os outros e, nos casos mais favoráveis, o sentimento de uma aliança misteriosa que prolonga nossa própria vida, sustenta-a e a multiplica.

Porém, ainda que haja em todas essas relações um reflexo e já um pressentimento do verdadeiro comércio espiritual, elas não ocupam o lugar dele, e às vezes até o impedem de acontecer. Afinal, ele não reside nesses elos mais ou menos fortes ou mais ou menos felizes do que o desejo ou a fortuna podem atar entre dois indivíduos: ele só começa ali onde lhes é oferecida uma presença que eles se cingem a descobrir e onde penetram por uma mediação mútua.

Dois seres só podem se reunir no mesmo lugar espiritual. Descobrir outro espírito é descobrir outro olhar que encontra o nosso na mesma luz. Então acontece de realizarmos um comércio tão puro que é impossível discernir nele qualquer matéria e, assim que a reflexão a encontra, a comunicação se torna um pouco menos perfeita.

TRANQUILIDADE DA ALMA

1. A paz da alma

A tranquilidade interior sempre se alia com a solidão e com a liberdade de espírito. Ela exclui o zelo indiscreto com o qual sempre invadimos a tarefa do vizinho, impedindo-a de cumprir-se e esquecendo a nossa. Ela é perdida assim que começo a me comparar a outro e que, ao deixar meu domínio pelo seu, só penso em substituí-lo ou em vencê-lo.

Não devemos de maneira nenhuma censurar por egoísmo aqueles que pensam que o mundo poderia acabar sem que sua alma se perturbasse. Afinal, pouco importa que nosso corpo pereça junto com a terra e os céus, se nossa alma permanece senhora de si mesma e fiel a si mesma até o fim. Por outro lado, caso a alma não acolha da maneira correta os mais belos dons do corpo, da terra e dos céus, eles se tornam para ela os piores perigos, corrompendo-a e obrigando-a a trair-se.

Existe uma paz da alma que consiste em evitar todo murmúrio e toda violência, mas que é uma paz ativa por meio da qual aprendemos a suportar as provações que nos são enviadas e a amá-las como parte do nosso destino. Ela nunca é um efeito da inércia interior, nem mesmo de um dom que ficamos contentes em receber. Ela pede para ser realizada por uma operação espiritual muito pura, que sobrevoa o tempo e nunca se deixa atingir pelos acontecimentos, que imprime na sensibilidade uma delicadeza sem complacência e converte todo abalo em luz, toda espera em ação e toda emoção em amor.

A paz da alma exige que sejam afastadas dela todas as solicitações que não param de assaltar-nos, e que são como as moscas que passam diante dos nossos olhos e que o olhar não consegue evitar seguir.

É preciso abolir todas as preocupações, e nunca para fugir da seriedade da vida, mas para fazer com que ela apareça. Afinal, todas as preocupações particulares nos distraem, o que quer dizer que só existe uma que merece nos reter, e que é a de responder a todo instante às exigências do acontecimento.

Os maiores e mais fortes homens estão inteiramente naquilo que fazem. Os outros estão sempre preocupados.

O chefe que comanda não deve ter outra preocupação além da humilde manobra ligada a um trabalho que homem nenhum no mundo enxerga e cujo fruto é colhido por todos. E não é possível chegar a admirar-se suficientemente das palavras daquele homem cujo país tinha sido invadido, cujo exército tinha sido vencido, que tinha nas mãos o destino da civilização e do mundo e que dizia: «Tenho ocupações, mas nenhuma preocupação».

Teme-se que a paz da alma acabe por se parecer com uma espécie de sono: e de fato pode acontecer de o pensamento e o amor dormirem como o corpo. Mas até esse sono mesmo é às vezes acompanhado de uma ação obscura e sutil: e, assim como o sono do corpo, ele pode reordenar, restabelecer e regenerar todas as faculdades da vida. Porém, a verdadeira paz interior reside naquela perfeita liberdade de espírito que o torna apto a realizar todos os movimentos de que ele é capaz, e que lhe dá uma agilidade soberana. O que só é possível por meio da aniquilação de todas as preocupações, da pureza do coração, da moderação do amor-próprio.

Não existe homem nenhum no qual não exista uma inclinação para o mal: porém, não devemos ficar perturbados por isso. Basta saber que essa é a condição da nossa natureza, e ter certeza de que há em nós uma boa vontade que a conhece, que a domina, e que, ainda que às vezes seja vencida, de maneira nenhuma se associa a ela.

2. Ponto de pressa

Há um ponto de perfeição em que todas as oscilações inseparáveis da emoção e da paixão vêm resolver-se num equilíbrio supremo, em que as alternativas mais extremas da sensibilidade, em vez de abolir-se, vêm unir-se e fundir-se numa posse unida e calma que é um único e mesmo ato de inteligência e de amor.

A calma interior é o segredo da força e da felicidade. Não existe nenhuma nobreza sem lentidão, nem perfeição sem imobilidade. Esses são os sinais de uma faculdade que se exerce apenas por sua presença, sem que precise, para ser eficaz, de um gesto ou de um esforço que altere sua essência e a obrigue a deixar a pura e tranquila posse que ela tem de si mesma. Ela não desce ao mundo da matéria, ainda que a matéria mesmo assim lhe obedeça. Ela não propõe nenhuma finalidade a si mesma, como se toda finalidade permanecesse exterior e ameaçasse submetê-la.

Não se deve de maneira alguma ter pressa, nem jamais demonstrar pressa alguma, como fazem aqueles escravizados que sempre deixam aparecer no rosto a feiura de uma cobiça, a confissão de que não encontram em si nada que lhes pertença, a impaciência que têm de deixar--se e o medo de nunca chegar a tempo. Porém, de que lhes serve essa pressa? Todas as finalidades para as quais eles correm são finalidades particulares comparáveis ao objeto que têm na mão, e é duvidoso que elas sejam capazes de trazer-lhes mais. Afinal, elas estão contidas no mesmo todo cuja presença já lhes foi dada.

De que pode servir tanta pressa? Sempre chegamos. Já chegamos. E a dificuldade é gozar aquilo que se tem, mais do que obter aquilo que não se tem, e que não conseguiremos gozar quando tivermos. Afinal, toda finalidade está propriamente fora de alcance, e sempre a lançamos num futuro indefinidamente renascente. É preciso, portanto, aprender a destruir essa ideia de uma finalidade que é perseguida sem cessar e que nunca é atingida, que nos obriga a esperar para viver e nos impede de chegar a viver.

A extremidade da vida sempre dilacera a superfície do real no presente, e não é o caso de pensar no futuro, o qual será ele mesmo outro presente. O ser infeliz é aquele que sempre cobiça o presente ou o futuro; o ser feliz, aquele que busca não fugir do presente, mas penetrá-lo e possuí-lo. Quase sempre pedimos que o futuro nos traga uma felicidade da qual só teríamos de gozar num novo presente: porém, isso é inverter os termos do problema; pois é do presente mesmo que temos, e da maneira mesma como sabemos dispor dele, sem desviar o olhar para outro lugar, que sairá todo o futuro de felicidade que um dia poderemos dar a nós mesmos.

3. Recursos proporcionais às nossas necessidades

Toda a arte da vida consiste em não deixar murchar, em não desperdiçar todas as boas disposições que aparecem em nós por clarões, mas, ao contrário, mantê-las, usá-las e fazer com que deem fruto. O pecado essencial é sem dúvida o pecado de negligência.

Sempre temos luz o bastante, se quisermos, para discernir a cada instante a melhor ação que devemos executar. É para fugir que esperamos estar mais bem instruídos. Ao procurar uma regra universal que possa se aplicar a todos os casos, para saber se ela convém ao que nos é proposto, cegamos a nós mesmos como que voluntariamente. Ainda pedimos para conhecer as consequências mais longínquas da nossa ação, ao passo que elas não dependem de nós. Porém, o grão que cresce não sabe se o fruto vai amadurecer.

Nessa terra mesma em que temos de viver, nossas luzes são proporcionais a nossas necessidades. Tudo aquilo que tivermos feito terá aqui e na eternidade consequências necessárias sem que nos caiba nem as prever, nem as temer. Falando propriamente, elas não nos dizem respeito: afinal, elas não são o efeito da nossa vontade, mas da ordem do mundo. E é preciso aceitar que, neste mundo que nos ultrapassa indefinidamente, tudo aquilo que começa por nós no entanto termina sem nós.

Existe uma atmosfera da vida que é feita apenas de preconceitos, mas é nela que respiramos. É dela que dependem todo o equilíbrio que podemos obter e toda a eficácia de que podemos dispor. É preciso sem dúvida ter coragem para fazer o elogio dos preconceitos. Aquele que os aceita muda seu sentido, mas aquele que lhes deu esse nome só pensava em se livrar deles. Ora, livrar-se dos preconceitos, já dizia Lamennais, é livrar-se da ordem, livrar-se da felicidade, da esperança, da virtude e da imortalidade. Isso porque sem dúvida é mais fácil rejeitar os preconceitos do que tomar posse deles e aprofundá-los.

4. O que depende de nós e o que não depende de nós

Para os estoicos, a felicidade dependia de uma distinção exatamente reconhecida e respeitada entre as coisas que dependem de nós e aquelas que não dependem de nós. Resolver as primeiras segundo a razão e não se preocupar com as outras, essa era a máxima da sabedoria suprema, à qual a vontade não deveria deixar de estar atenta. Porém, por trás dessa aparente humildade, há muito desprezo e muito orgulho, desprezo em relação às coisas que não dependem de nós e das quais no entanto nossa vida é feita, às quais ela está sempre misturada, sobre as quais não podemos afirmar nem que possam permanecer para sempre indiferentes a nós, nem que nunca sejamos capazes de exercer sobre elas nenhuma ação indireta ou longínqua. Essa resignação toda parece a vingança da nossa impotência, a derrota aceita de antemão para não correr os riscos de um combate. Porém, num mundo em que tudo está ligado, quem ousaria fixar de antemão os limites do nosso poder, do trabalho ao qual podemos um dia ser convocados?

No entanto, existe também muito orgulho em pensar que a menor coisa possa depender exclusivamente de nós, ainda que exista um reduto da liberdade onde se produz um consentimento puro que não pode ser forçado. Porém, os recursos de que dispomos, o sucesso da nossa conduta, o despertar mesmo da nossa iniciativa e a graça que a sustenta superam incomparavelmente os limites do nosso querer. E o homem que tem mais força e felicidade é aquele que está tão de acordo com a ordem do mundo que não sabe mais distinguir aquilo que vem de si mesmo daquilo que o mundo lhe traz.

A distinção entre aquilo que depende de nós e aquilo que não depende de nós estabelece entre o mundo e nós um corte demasiado profundo. Não existe nada que de certo modo não dependa de nós, e somos os colaboradores da criação inteira, mas não existe nada que dependa exclusivamente de nós, e a possibilidade mesma de levantar o dedinho é uma dádiva que nos é feita, à qual apenas aceitamos responder.

Porém, não é quando somos saciados que melhor sentimos nossa independência: é na indigência e no abandono. Eis, sem dúvida, aquilo que os estoicos quiseram dizer. E o que é que pode depender de nós, senão manter ainda a confiança na vida quando a alegria de viver nos é recusada?

5. Virtude cotidiana

Há muita força na expressão «o próximo», da qual se serve o Evangelho, ao mandar-nos amar o próximo e limitar a esse amor todos os nossos deveres. Nietzsche mesmo se queixa de que aquele que prefere a sociedade ao homem também prefere o distante ao próximo.

No mesmo sentido, pode-se dizer que todas as virtudes são virtudes do homem privado, e que as virtudes do homem público consistem ainda em somente agir como homem privado.

A vida real é essa vida humilde e comum, que só é visível a um número muito pequeno de seres que estão unidos a nós da maneira mais estreita, e do qual logo se afastam aqueles que estão ávidos por parecer, e que buscam brilhar num palco maior: ela é feita de uma infinidade de emoções, de pensamentos, de ações, que, a cada instante, nos dão uma comunicação real com as coisas e com as pessoas que nos cercam. Além de um círculo muito pequeno, todos esses movimentos da nossa alma nos escapam, sua intimidade decresce, os efeitos que eles produzem não dependem mais de nós.

Não é o caso de desprezar todos esses acontecimentos de curta duração, mas que preenchem cada um dos nossos dias, todos esses incidentes da vida cotidiana que não deixam vestígio nenhum e não encontram eco nenhum, mas nos quais todo o nosso ser não para de empenhar-se, os únicos aos quais podemos dar um sentido vivo e pleno, e que sem dúvida nos permitem obter em cada ponto um contato com o absoluto. Se cada qual soubesse dirigir seu olhar a eles, e consagrar-lhes todas as suas preocupações, não teria necessidade desses grandes desígnios por meio dos quais tentamos mudar o rosto do mundo. Ele seria mudado sem que tivéssemos desejado.

6. Evitar as querelas

É preciso evitar a atitude insuportável daqueles que estão sempre em querela consigo mesmos e com os outros.

Com frequência buscamos obter a vitória numa luta cujo resultado nos importa pouco, e em que nosso coração está do lado do adversário. A única coisa que conta a nossos olhos é vencer, em vez de ter razão. É preciso portanto saber abster-se de todos os embates nos quais a vitória custe para nós mais do que o butim. A derrota do nosso inimigo, caso seja a derrota da verdade, é também nossa própria derrota. Assim, os litígios intelectuais devem ser mais temidos do que todos os outros, pois reacendem o amor-próprio precisamente onde o papel do intelecto consiste em submetê-lo. Toda disputa obscurece a luz interior: o sábio só a percebe porque sempre guarda uma grande equanimidade. E, se ele erra, regozija-se ainda mais em ceder do que em triunfar; afinal, quando ele triunfa, ele guarda aquilo que tem e, quando cede, enriquece. Nossas relações com os outros nunca devem assumir a forma de um processo em que, no fim, um precise ganhar e o outro, perder. Dois seres não estão um em relação ao outro como dois combatentes dos quais um tem de vencer e o outro, sucumbir, mas como dois mediadores na busca de um bem que lhes é comum; e aquilo que cada um obtém é proveitoso para o outro. Com frequência se diz que todos os homens são como um único homem que se realizaria através da diversidade dos indivíduos e da sequência das gerações; eles estão unidos como nossos diferentes estados de alma, a cada instante ou a cada vez. Assim como eles, lutam pela preeminência, e não são sempre os melhores que vencem. Porém, em nossas relações com os outros homens, assim como em nossas relações com nós mesmos, a questão é pôr em jogo todas as faculdades da consciência, e reconciliá-las, obrigá-las a sustentar-se e a cooperar.

7. Brandura em relação aos outros homens

A brandura é o remédio para todos os males engendrados pelo amor-próprio: porém, há uma indiferença que só chega a destruí-los ao destruir-nos. Ora, o mais fácil não é ser brando consigo mesmo. Muitos seres estão num estado quase constante de impaciência e de irritação, de maneira nenhuma contra os outros, mas contra eles mesmos; e os outros, quando aparecem, só recebem os estilhaços.

A brandura é inseparável da humildade. O homem que está repleto de si mesmo é sensível à menor infração: está sempre zangado consigo mesmo e sempre reclama da falta de consideração. Porém, aquele que, pelo contrário, nunca pede nada, e que pensa não merecer nada, somente enxerga no outro um bem que o regozija ou uma fraqueza que provoca compaixão e que ele tenta socorrer.

Não há relação nenhuma entre os homens que não seja fundada na brandura: as outras são apenas aparentes; elas mal escondem a hostilidade e o desprezo, que separam em vez de unir. Somente a brandura permite aos seres separados reconhecer sua separação, mas dando-se apoio mútuo, e comunicar-se no sentimento de sua fraqueza mútua. Ela nos obriga a usar entre nós deferências às vezes tão naturais e tão sábias que, ao tornar-nos atentos a todas as nossas feridas, ela faz com que elas pareçam mais sensíveis, mas somente para cuidá-las e para curá-las.

A brandura não é de maneira nenhuma um ato de indulgência pelos defeitos do outro, mas um testemunho que damos à sua existência mesma, à sua presença no mundo, que param de ofuscar-nos, que nunca tentamos combater nem destruir pela guerra, mas que aceitamos e que nos agradam, de que gozamos por assim dizer com ele, e que nos convidam a uma coabitação espiritual com ele, da qual a coabitação dos corpos é apenas uma imagem. A brandura é um ato de benevolência em relação aos outros homens, e não tem apenas consideração por aquilo que eles são, mas também por aquilo que eles poderiam ser: ela discerne neles mil possibilidades que uma mão mais rude reprime e seca, mas que, sem a atenção e a confiança que ela lhes dá, talvez nunca poderiam ter sido percebidas, e de maneira nenhuma teriam frutificado.

A brandura, ao submeter-nos a todas as leis da condição humana, já nos permite elevar-nos acima delas. Aquele que se insurge contra essas leis mostra a que ponto ele sente e padece sua escravidão, mas aquele que as aceita com brandura as penetra e as ilumina. Deles também deve-se dizer que seu jugo é suave e seu fardo, leve.

8. Brandura e firmeza

De todas as virtudes da alma, a brandura é a mais sutil e a mais rara, sobretudo em nosso tempo; e, em todo tempo, ela é a mais difícil de manter e de praticar. Às vezes acontece de podermos confundi-la com a facilidade, com a moleza ou com a frivolidade. Quando a menor vontade se mistura a ela, ela é falsa e nos causa horror. A verdadeira brandura é sempre tão atenta, tão delicada e tão ativa que sempre nos surpreendemos, ao encontrá-la, por ela poder ser tão benfazeja sem parecer nos dar nada.

A brandura não é, como às vezes se pensa, o contrário da firmeza: ela é seu polimento. A firmeza não deve nunca repelir nossa mão, mas a sustentar, e o contorno mais brando tem com frequência uma limpidez que modera o desejo e lhe serve de guia. A união da brandura e da firmeza é às vezes tão perfeita que não se pode mais distingui-las: elas não se permitem reconhecer nem por aquele que as possui e que, ao agir, cede a uma necessidade e a uma graça natural, nem por aquele que as recebe e que encontra nelas um chamado e um apoio. A brandura está tão longe da fraqueza que, pelo contrário, somente ela possui uma força verdadeira. Ela dissolve todas as resistências que se lhe opõem. O homem mais forte não é aquele que resiste à paixão — à sua ou à de outrem — pela violência de um esforço, mas pela brandura da razão. Toda vontade se retesa quando tentamos vencê-la ou quebrá-la, mas a brandura a convence. Somente ela pode triunfar sem combate e transformar o adversário em amigo. Existe uma falsa brandura que dá imediatamente o gosto da violência, e uma verdadeira brandura, mais poderosa do que a violência, que a inutiliza e a aniquila. Afinal, a doçura não é, como se costuma crer, uma falta de impulsão, mas uma impulsão contínua e apaziguada. Ela não é uma vontade fraquejante, mas uma vontade ultrapassada, e que não tem mais necessidade de retesar-se: ela imita a natureza, mas a transfigura, pois a natureza não conhece a brandura, mas somente a indolência ou o furor.

9. Brandura e luz

Ninguém pode conhecer a vida intelectual se a brandura lhe é estrangeira. A animosidade, a amargura ou o azedume que encontramos em alguns são as marcas do amor-próprio; elas têm um gosto de carne que então se mistura a todos os seus pensamentos, quaisquer que sejam sua força e sua grandeza.

Às vezes vemos homens de ciência que correm em busca da verdade como se fosse uma conquista. Eles pensam que ela só entrega seus segredos àquele que é capaz de obrigá-la seja pelo rigor da demonstração, seja pela tortura dos instrumentos. Porém, nessa espécie de violência, a verdade pode se deixar surpreender, mas não faz nenhuma aliança conosco. Para que ela se torne a recompensa do intelecto, é preciso que ele mostre em relação às coisas uma docilidade exata, que seja capaz de seguir com fidelidade sua curva mais sinuosa. Ela sempre pede que ele obtenha, com o real, uma espécie de concurso e até de coincidência, cuja perfeição é medida por sua própria brandura. É preciso escutar as respostas que a verdade nos dá numa espécie de imobilidade e de silêncio interior. Ela espera a cumplicidade de uma atenção em que é preciso que ela já encontre aceitação, respeito e amor. A partir do momento em que tentamos forçá-la, ela se rebela e tenta fugir.

É preciso apaziguar o tumulto do corpo, as reações cegas do instinto, e chegar a uma perfeita brandura interior para que as coisas nos mostrem um rosto claro e nos deem testemunho de amizade. Não há nenhum acontecimento, circunstância ou ser posto em nosso caminho que não sejamos capazes de acolher com violência ou com brandura. E muitos homens buscam a violência e se comprazem nela porque ela os abala mais. Alguns preferem a indiferença, seja por natureza, seja por desígnio, e lhe dão o nome de sabedoria. Apenas alguns conhecem essa brandura divina que penetra de luz a atmosfera em que vivemos e espiritualiza tudo o que toca.

A brandura é filha da luz. É sempre a natureza que dá a impulsão: quando a luz consegue apaziguá-la e incorporá-la, ela expira em brandura. E a brandura é o oposto da indiferença, pois essa luz, assim que nasce, irradia amor. A brandura não é por isso o contrário do ardor: ela é sua forma mais perfeita e mais purificada. E se Pirro, que é o príncipe dos céticos, praticava, como se diz, a doçura verdadeira, e não a indiferença, era porque tinha em si, por trás de todas as dúvidas do pensamento, uma participação delicada no ser e na vida, que teria podido ser invejada por muitos daqueles que se pronunciavam sobre aqueles problemas com mais ousadia.

10. A paciência e a brandura

A paciência consiste em suportar e em esperar, o que é mais difícil do que agir e resolver. É a virtude do tempo. Trata-se em primeiro lugar de preenchê-lo quando ele parece vazio. E não pode haver para nós melhor meio para isso do que a paciência, que é uma espécie de brandura em relação ao tempo, o qual não pensamos nem em violentar, nem em abolir.

Porém, a paciência não consiste apenas, como se crê, em esperar: ela consiste em padecer, que é ao mesmo tempo suportar e sofrer. Dir-se-á que, sendo a virtude do tempo e do sofrimento, ela só pode ser uma espécie de resignação, que ela é portanto incapaz de criar, e que a alegria está sempre ausente dela? Existe de fato uma paciência negativa que só é capaz de carregar as provações da vida, e a vida mesma como provação. Porém, também existe uma paciência positiva, na qual o sofrimento mesmo é aceito e desejado. A paciência o acolhe sem recriminá--lo. Ela o recebe sem gemer. Ela não tenta tirar vaidade dele, como de um destino excepcional e de uma marca de eleição. Ela não tenta se vingar contra todos que são poupados dele. Ela reconhece nele uma dádiva que deve ser amada e que ela deve fazer seu, como um elemento mesmo de sua pessoa e de sua vida.

Essa paciência positiva preserva a atividade da alma e até sua alegria na adversidade. Ela suporta todas as contradições sem ceder aos movimentos do amor-próprio ou da cólera. Ela converte em doçura todas as nossas primeiras agitações.

Em sua essência mais profunda, ela sabe buscar uma obra cujo fruto não enxerga e talvez jamais enxergue. Nesse caso, ela é com justeza denominada perseverança. Ela não se deixa cegar nem pela ebriedade da prosperidade, nem pela do infortúnio.

A paciência não conhece nem a indiferença, nem o abandono. Ela supõe muita força e muita confiança. Porém, acontece que ela me impede de agir. Ela não adianta a hora. Ela não perde a coragem, mesmo que o tempo nunca cumpra as promessas da eternidade;

afinal, essa eternidade, ela não a espera. Já vive nela. Ter diante de si o tempo que redime tudo é considerar que não há nada no tempo que venha a concluir-se, é já estar além do tempo.

Ela é talvez a mais alta virtude do querer. «Impacientar-se», diz Fénelon, «é querer aquilo que não se tem, ou não querer aquilo que se tem». Enquanto se quer o mal que se sofre, ele não é um mal. Por que fazer dele um verdadeiro mal deixando de querê-lo?

11. Uma presença que sempre nos ultrapassa

O hábito me torna cego e indiferente em relação a todas as coisas extraordinárias que preenchem o mundo, à luz, ao movimento da minha própria existência, e a você que me dirige a palavra e que de repente vem à minha frente; porém, sem ele, eu só veria por toda parte objetos assustadores ou presenças miraculosas. A criança bem sabe que são os objetos mais familiares que, quando ela os mira por um momento esquecendo de súbito seu uso, trazem-lhe mais surpresa. E a arte mais perfeita é aquela que os mostra a nós numa espécie de revelação, como se os víssemos pela primeira vez. Assim, sem o hábito, a realidade se ofereceria a nós de maneira tão direta e tão viva que não suportaríamos sua visão. Pedimos ao hábito uma espécie de segurança.

Ora, todas as empreitadas do espírito visam não, como se diz, a obtê-lo, mas a rompê-lo, a fim de descobrir o espetáculo fabuloso que ele recobre e que sempre dissimula. Assim, os homens erram muito ao desprezar o humilde objeto que têm diante dos olhos, ao criar sonhos estéreis de futuro, ao imaginar além da morte um mundo que enfim atenderia a suas expectativas. Todo o real lhes é dado, mas é difícil obter dele uma imagem pura. Não é ultrapassando a aparência, como sempre se diz, que chegaremos a apreender a verdade; afinal, sempre temos necessidade de uma verdade que apareça, e os maiores intelectos tornam aparente para nós aquilo que até então nos tinha escapado e que o hábito logo sepultará. Nem atrás do mundo, nem além da morte, existe uma realidade diferente daquela que contemplamos hoje, mas uns a repelem para correr atrás de quimeras; outros encontram nela, segundo sua faculdade de amor, todas as alegrias da terra e todas as do paraíso.

A SABEDORIA
E AS PAIXÕES

1. Natureza dupla

Quanto mais fundo a árvore deita suas raízes nas trevas da terra, mais sua folhagem se eleva, mais ela vibra com delicadeza nos cimos da luz. E sua imóvel majestade é apenas um equilíbrio móvel em que todas as forças da natureza brincam e se contrariam, mas também se respondem e se contêm com uma certeza interior mais bela do que todos os abandonos.

Cada um de nós se parece com a árvore, enterrando no segredo da alma os sentimentos mais obscuros, mais profundos, com frequência também os mais egoístas e mais baixos, que são às vezes os mais nutritivos; porém, o amor mais puro sempre permanece ligado a eles, sem os quais ele logo deixaria de ser nosso e, em vez de erguer até o impalpável azul seus ramos mais audaciosos e mais frágeis, nós o veríamos pouco a pouco dissipando-se e perdendo-se nele.

A natureza e a mitologia nos estendem por toda parte as mesmas imagens. A borboleta é uma lagarta que tem asas; porém, o homem que se eleva mais alto na vida do intelecto eleva até o céu sua própria lagarta. O Centauro, a Esfinge e a Sereia expressam igualmente bem como o homem se ergue sobre um animal ainda munido de cascos, de garras ou de escamas. Afinal, o homem é uma espécie mista. Nisso residem sua originalidade própria e o princípio mesmo de sua vocação e de seu destino. É loucura querer fazer dele um deus ou reduzi-lo a um animal. Ele se parece mais com um Sátiro que participa das duas naturezas, a respeito de quem não sabemos se seu desejo mais ardente é elevar o animal até a contemplação da luz divina, ou fazer o deus descer à carne do animal a fim de comovê-la com todos os seus frêmitos.

A razão do homem é ela mesma uma proporção entre dois instintos: um instinto animal que o aprisiona em seus limites, e um instinto espiritual que o faz esquecê-los. A razão é a sutura do espírito e da carne. Ela mantém seu equilíbrio. Ela prende o espírito ao corpo, que modera seu ímpeto; ela suspende o corpo até o espírito, que modera sua queda. Porém, se não houvesse em nós uma dupla natureza, como nos seria permitido escolher aquilo que queremos ser? Nossa liberdade vive dessa ambiguidade. E se é impossível que ela algum dia termine por nos identificar seja com o anjo, seja com o bicho que temos em nós, é no entanto ela que dá a vitória ora a um, ora a outro.

Há em cada um de nós uma espécie de oscilação vertical que se produz no interior do nosso próprio ser, uma subida e uma descida alternativas que formam a vida mesma da consciência e que fazem com que, com os mesmos recursos, uns se elevem acima da terra e outros se precipitem nos abismos.

2. Reunir os extremos

A medida nunca é mediocridade ou falta de força; ela é essa espécie de plenitude interior e de justa proporção com o universo que deve permitir que cada ser seja a si mesmo e senhor de si, isto é, que tenha em mãos os extremos, em vez de evitá-los ou de ceder a eles. Afinal, ela precisa dos extremos e os leva por assim dizer em si, em vez de repeli-los e de aboli-los. Longe de ser o ponto médio, permanecendo a igual distância de um e de outro, ela preenche todo o intervalo que os separa de maneira a uni-los. Ela tempera cada um deles, não por uma espécie de relaxamento que lhes dá, mas pela força com a qual abraça também o outro. Ela nunca se permite sair desse centro em que o olhar tem de ter amplitude suficiente, e o sentimento, profundidade suficiente, para que possam reunir e reconciliar os contrários e nunca se deixar dividir entre eles. Aquele que guarda a medida mede todos os abismos do ser sem sentir vertigem.

A medida é ao mesmo tempo essa tensão e essa compreensão que fazem com que cada coisa esteja em seu lugar, com que cada faculdade exerça seu jogo mais reto e mais forte, sustentada pelo jogo de todas as outras que regulam seu uso ao emprestar-lhe também sua eficácia: é a unidade de todas as faculdades do ser cooperando com todas as faculdades do universo e encontrando nelas ao mesmo tempo um limite e um apoio. Há na infinidade do desejo uma espécie de excesso perpétuo que nos impede de não esperar nada e de não possuir nada. E a sabedoria, em vez de ser, como se costuma acreditar, uma renúncia ao absoluto, é, ao contrário, esse encontro do absoluto que dá a cada coisa sua medida.

Em matemática, todos os problemas são problemas de medida e problemas de limites. Em nossa vida, não é diferente. Cada um dos nossos atos exprime uma relação entre nós e o universo: aí está nossa medida. E todos esses atos tendem eles mesmos a um limite, que é nossa essência, e do qual se pode dizer ao mesmo tempo que ela os ultrapassa e que os funda.

3. Compensação

É porque cada um de nós é um ser misto cuja essência se realiza sempre por um equilíbrio mantido entre dois extremos que nem aquilo que há em nós de mais belo, nem aquilo que há em nós de mais feio nos parece totalmente nosso. Há em nós aquilo que denominamos a consciência, e que é ao mesmo tempo um olhar, um mandamento e um voto: aí está a parte divina de nós mesmos. Porém, há também em nós o ser ao qual esse olhar se aplica, que é rebelde ao mandamento e infiel ao voto: é a parte de nós mesmos que pertence à natureza. O eu é o elo da divindade e da animalidade: nele o espírito se encarna e a carne se espiritualiza.

A medida é um ato que é tão mais perfeito quanto mais resistência tem a vencer e mais esforço a fornecer.

A arte mais elevada é aquela que requer a matéria mais resistente, mas que triunfa sobre ela, a inspiração mais violenta, mas que a contém. Na atividade mais nobre e até no amor mais puro, há sempre uma cólera dominada. Isso porque todo excesso é sinal de fraqueza e nunca de força. Não há qualquer excesso que não acabe por ser castigado. Há um excesso no conhecimento quando ele se torna uma ambição do pensamento puro que vira avidez ou jogo e despreza a ação ou a desencoraja, ao invés de sustentá-la e de iluminá-la. E há um excesso mesmo da virtude onde não se sabe se o ser tenta a natureza ou tenta Deus, mas onde ele mostra uma falta de humildade, uma confiança em si e em seus próprios recursos que lhe tiram o sentimento daquilo que ele pode, que o impedem de medir a relação entre sua natureza e sua vontade, e que obrigam um dia o acontecimento a desmenti-lo e a avassalá-lo.

Porém, nunca faltamos com a medida sem que se produza em algum lugar uma compensação por meio da qual o equilíbrio se restabelece. O instinto reencontra em outro ponto, no qual ele escapa à atenção, a força que lhe era recusada exatamente ali onde ele tentava manifestar-se. E, assim que é refreado, ele paralisa por sua inércia a vontade mesma que o venceu. Porém, inversamente, quem quiser sacrificar o pensamento à ação veria esse pensamento renascer e desperdiçar-se sob a forma do sonho, ou então inserir algo de quimérico nessa ação mesma que pretendia excluir.

4. Nos limiares da consciência

Será verdade que há nos limiares da consciência um mundo assustador e maravilhoso que estaria bem próximo de nós e em nós, que seria nosso sem que suspeitássemos de sua presença? Mas como ele seria nosso enquanto o ignoramos e não temos sobre ele nenhum domínio? Será que ele explode de repente na consciência por efeitos que sempre nos surpreendem, mas que nos abalam o bastante para que não possamos negar que nos pertencem? Qual é portanto essa fatalidade que se desenvolve em mim e da qual sou o espectador impotente? Só posso dizer eu no ponto em que meu pensamento começa a esclarecer essas impulsões obscuras e minha vontade, a se associar a elas ou a reprimi-las. Por mais que se queira que esse mundo violento e tenebroso esteja perto de mim, ele não sou eu. Terá ele apenas uma existência em si mesmo antes que a consciência lhe dê vida, ora para dominá-lo e para apaziguá-lo, ora para comprazer-se em seus furores e para redobrá-los? Não há nada em nós que mereça propriamente o nome de inconsciente, mas apenas uma consciência sempre nascente, sensível a todas as solicitações exteriores, a todos os apelos da carne e dos sentidos, a todas as vozes da opinião e da paixão, e que nunca para de ampliar-se, de enriquecer-se, de depurar-se e de corromper-se segundo o consentimento que aceita dar-lhes.

Sem a consciência, não serei nada, nem mesmo uma coisa. É ela que me dá o ser ao revelar-me que ele é meu ser. Ora, ela é ela mesma intermediária entre a natureza que a ultrapassa por baixo e a razão que a ultrapassa por cima. Porém, ela dispõe delas, e é por isso que se pode dizer que ela é ao mesmo tempo a melhor das coisas e a pior. Ora ela se torna serva da natureza e usa até artifícios da razão para pervertê-la e para aviltá-la, ora, ao subordiná-la à razão, ela a espiritualiza e a transfigura.

5. Ebriedades da alma

A alma é como uma espécie de fogo que nos foi confiado e que nos cabe manter: é nosso dever fornecer-lhe apenas os materiais mais puros. Não basta dizer que, assim como o fogo, ela purifica tudo aquilo que toca; afinal, a qualidade da chama depende sempre daquilo que a alimenta; ela pode produzir uma fumaça obscura que lhe retira a luz e até o calor; ela pode se apagar e só deixar na lareira cinzas amargas ou carvões consumidos.

Existem ebriedades diferentes, que podem vir da exaltação de todas as faculdades da alma, tanto das mais nobres quanto das mais vis. O que define a razão é saber discerni-las mais do que as abolir. Será que os homens mais simples e os mais fortes são aqueles que recebem todos os toques da vida espiritual sem nunca ficar inebriados? Ou será que eles só conhecem uma ebriedade, que é a da água pura? É aquela da inocência reconquistada, que recebe diante de cada acontecimento uma inspiração nova, ao abolir, como a inocência, toda divisão interior, todo retrogosto do amor-próprio, todo furor da imaginação, toda sombra de complacência ou de perversidade.

6. A razão, faculdade que mede

A razão é a mais bela de todas as nossas faculdades, desde que não se faça dela a faculdade que raciocina, mas a faculdade que mede. Em vez de tentar, pelo labor e pelo artifício, tirar de uma verdade suposta alguma consequência sutil e que a experiência ainda nem sequer experimentou, é preciso que ela permaneça o poder de julgar, isto é, de dar a cada coisa seu lugar e seu valor no interior de um Todo cuja presença ela nunca perde de vista.

A razão não reside, como se costuma crer, na abolição das paixões, mas numa disciplina que lhes é imposta, que as ratifica e que lhes dá a luz e a eficácia. Apelar primeiro à razão é dizer não à vida, antes de seu primeiro jato. Não é razoável o homem inerte e insensível por um efeito seja da natureza, seja do exercício, mas sim aquele que, tendo a vida mais forte e as paixões mais ardentes, busca nelas o ímpeto que o levanta, a matéria que o ordena, a força de expansão que o manifesta e que o exprime.

Há na razão mesma uma espécie de poesia e de ebriedade abstrata. E é por isso que, se ela é com frequência uma marca de mediocridade para aqueles que só escutam a inspiração, acontece de ela ser uma marca de delírio para aqueles que só se fiam naquilo que veem e naquilo que tocam.

Assim como a cratera de um vulcão extinto fica cheia de água pura, as paixões mais violentas, quando seu fogo é apagado, escavam na alma uma espécie de profundidade que pouco a pouco fica transparente, e na qual o céu inteiro se reflete.

7. A paixão e o absoluto

Não se deve desprezar a paixão que nos revela o sentido do nosso próprio destino, que suscita, exalta, unifica todas as potências do nosso ser e que, em cada acontecimento da nossa vida, introduz a presença do absoluto e do infinito. Aqueles que a desprezam tanto são também aqueles que são incapazes de senti-la. Ela assusta sua prudência e desconcerta sua timidez. Quase sempre, a paixão tem necessidade de ser mantida mais do que de ser contida.

Existem espíritos que sempre permanecem espectadores, que sempre se reservam e nunca entram no jogo: a paixão nunca os visita; eles só a observam nos outros para condená-los, nunca sem um certo ciúme. Eles se queixam de sua violência e de sua parcialidade, mas isso porque eles mesmos não têm nem força suficiente, nem ardor suficiente para dar-lhe. Eles só observam seus efeitos mais exteriores, no momento em que ela nos submerge e parece nos conquistar, nos sobressaltos que se produzem quando ela começa a manifestar-se, ou quando um obstáculo a põe em perigo, isto é, na medida em que ainda não a conquistamos.

A paixão é o contrário da emoção, que está submetida ao acontecimento e nos detém em nós mesmos, ao passo que a paixão tem sua fonte em nós mesmos e transforma o acontecimento. A emoção é uma espera: ela se alimenta do tempo; a paixão, por outro lado, é uma presença: ela se nutre da eternidade, ela recolhe o tempo, em vez de ser recolhida por ele. Porém, o tempo da emoção busca um termo em que ela se desata, ao passo que a paixão não quer termo nenhum, ela precisa do infinito para subsistir. Ela só pede ao tempo ocasiões que a manifestem. Ela é receptividade perfeita em relação ao impulso interior que a anima, e impermeabilidade perfeita em relação a todas as solicitações exteriores que pretenderiam desviá-la de seu curso.

Se o objeto da paixão tem um valor infinito, é preciso então, como dizem os filósofos, que ele seja «um fim em si mesmo». Então, ele não deve ser nem uma coisa, como na avareza ou na ambição, nem um indivíduo, como no amor, nem um ideal, como no heroísmo, mas um absoluto vivo que é substituído por esses termos e do qual eles nos dão como que uma imagem. Entretanto, é preciso saber que eles são apenas imagens dele.

Assim, a paixão não pode dispensar o apoio da liberdade e da razão: porém, ela deve tê-las como aliados e não como escravos. O animal não tem paixão.

8. As boas paixões e as más

É fácil convir que a paixão pode ser ora boa, ora má. Porém, agora possuímos um critério muito bom do seu valor. É que ora ela produz todos os seus movimentos em si mesma, ora fora dela mesma; ora o eu, para engrandecer-se, se dirige para um objeto exterior que é realmente finito e que lhe parece infinito, ora só deseja aprofundar-se encontrando no fundo de sua essência finita um destino infinito: de modo que uma não consegue encontrar morada, já que ela tende de um movimento infinito para um objeto que é finito e que a decepciona assim que ela o atinge, ao passo que a outra o encontra justamente nesse mesmo movimento infinito que nunca lhe falta, pois nenhum objeto finito consegue limitá-la ou suspendê-la. A morada da paixão em si mesma prova de maneira suficiente que nossa vida descobriu nela sua verdadeira finalidade, que o absoluto se tornou presente para ela, que ele a ilumina, a sustenta e a nutre. Afinal, somente o encontro do absoluto pode explicar o absoluto da paixão; isso basta para entender que a atividade que tende para ele, mas que procede dele, possa ser ao mesmo tempo exercida e padecida: o que é próprio de toda paixão verdadeira.

A paixão é má quando produz uma perturbação do corpo e da alma que a própria reflexão, que se acrescenta a ela para prová-la, não para de aumentá-la. Ela é boa quando os cura de sua languidez, quando lhes dá mais movimento, quando realiza seu acordo.

A paixão má nos mergulha nas trevas e na angústia, e a boa só nos traz contentamento e luz.

A paixão má se interroga ao mesmo tempo sobre o valor de seu objeto e sobre sua relação conosco; a que é boa, apenas sobre o segundo ponto.

Uma busca sempre justificar-se pelo raciocínio, mas sem chegar a convencer-se, e só vive de sofismas. A outra não precisa deles e os repele: basta-lhe contemplar seu objeto para reencontrar a segurança. Uma nos torna escravos de nós mesmos, isto é, do nosso corpo, e a outra, ao nos libertar, liberta nossa alma. Uma retira o sentido da nossa existência, e a outra lhe dá sentido. Uma é destruidora, e a outra, criadora de nós mesmos e do mundo.

9. Virtude da paixão

Sempre se fala da paixão dizendo que ela é um furor que nos domina, que desorganiza nossa vida e destrói nossa liberdade. Porém, cada um busca uma paixão de outro tipo, que supere a oposição entre os movimentos do instinto e os do querer, que dê à sua consciência uma perfeita unidade, que reúna todas as suas forças em torno do mesmo ponto e libere sua iniciativa, em vez de subjugá-la. A própria palavra é admirável, pois designa a atividade mais intensa que podemos exercer, ainda que seja integralmente recebida, atividade tão plena que exclui o esforço, o qual só é empregado para mantê-la, e na qual encontramos reunidas a perfeição do movimento e a perfeição do repouso: a perfeição do movimento, pois ela tende para um objeto infinito que nunca conseguimos esgotar, e a perfeição do repouso, pois, no próprio movimento que a anima, ela permite ao ser ao mesmo tempo descobrir-se e realizar-se.

Cada qual procura um objeto digno de suscitar em si uma paixão que possa preencher toda a capacidade de sua alma. Enquanto ele não a encontrou, sua existência não conhece nem ímpeto, nem alegria, nem fim que mereça esse nome: sua vida é para ele um problema cuja chave ele ainda não encontrou. Ele se sente perdido no mundo, que não lhe oferece nenhum valor supremo ao qual ele possa consagrar-se, isto é, sacrificar-se. A verdadeira paixão é feita de desinteresse e de generosidade; ela não tenta adquirir nada: ela quer reformar o mundo.

Então, em vez de dilacerar nossa alma e de entregá-la a todos os males que acompanham a miséria e a impotência, ela nos traz, pelo contrário, a certeza interior, o equilíbrio, a tranquilidade e o apaziguamento. Ela abole todos os problemas interiores, ela não lhes deixa mais a ocasião de aparecer. Ela afasta a dúvida, a hesitação e o tédio. Ela não sente mais nenhuma inquietude a respeito dela própria, que encontrou o caminho e a salvação, mas a respeito de seu objeto, do qual ela receia nunca cuidar o bastante. Somente ela permite ao ser tomar consciência da força por meio da qual ele se realiza e da identidade de seu destino e de sua vocação.

Ser nenhum traz, ao nascer, uma paixão já formada. A paixão tem de surgir depois de um longo período de espera, no momento em que nossa vida nos revela seu próprio ápice. E nós vivenciamos um tremor assim que começamos a sentir sua aproximação. Ela é o sinal de que abandonamos nosso período de tateamentos e de tentativas, de que nossa existência está totalmente empenhada, de que ela não pode mais dividir-se, nem ser retomada. Pode-se dizer talvez que em nós só há paixão por essa ideia pura cuja responsabilidade trazemos em nós e que tentamos encarnar.

10. A sabedoria, que é a posse de si

A sabedoria é indivisivelmente uma virtude da inteligência e uma virtude da vontade. Pois bem podemos defini-la como uma virtude da vontade, dizendo que ela impõe uma medida a nossos desejos e a nossas paixões. Porém, ela é uma virtude da inteligência porque consiste em primeiro lugar em reconhecer onde está a medida. Ela é a cura do seguinte erro duplo: só podemos encontrar a felicidade aumentando nosso ser indefinidamente, a fim de igualá-lo ao ser mesmo do Todo, e devemos sempre deixar aquilo que temos para cobiçar aquilo que não temos; o que nos torna sempre igualmente descontentes, quer não o tenhamos, quer o obtenhamos.

A sabedoria é a descoberta e o amor da nossa própria essência, do ser que nos é dado e do universo que está diante dos nossos olhos, da situação em que estamos e das obrigações que temos de cumprir; ela é a abolição da inveja, o sentimento de que essa intimidade do mundo em que cada ser penetra no instante em que diz eu é algo tão precioso que não há nada no mundo que possa valer mais, nem constituir para ele o objeto de um desejo mais alto. Só importa o uso que ele fará desse objeto, e esse uso lhe é confiado.

Vemos o quanto é falso considerar a sabedoria uma limitação da vida, um desinteresse em relação às grandes coisas, que sempre comporta um pouco de mediocridade e de indolência; ela é, pelo contrário, a coragem que nos obriga a dar um valor incomparável aos mais humildes, a partir do momento em que eles nos são confiados, como instrumentos do nosso destino.

A sabedoria é uma aptidão não a se dominar, mas a se possuir. Ela converte o ser que nos é dado num bem sempre presente, e que cresce indefinidamente. É essa arte sutil e poderosa que nos ensina, ao invés de deixar o finito em prol do infinito, a encontrar o infinito até no finito. Longe de separar-me do mundo, ela sempre revela no mundo alguma nova relação comigo, uma resposta a um chamado que está em mim, ou um chamado ao qual ela me obriga a responder eu mesmo.

O que define a sabedoria é estar sempre acompanhada por essa sensibilidade infinitamente delicada que faz com que não haja nenhum objeto no mundo que não desperte em mim algum eco interior, que não me traga algum ensinamento ou alguma exigência. Ao contrário da sabedoria, a cegueira permanece sempre isolada, e a loucura age sempre a contratempo.

11. Sabedoria, heroísmo, santidade

A sabedoria é uma facilidade difícil, o retorno a uma atividade espontânea e reta; ela vive da luz mesma que a ilumina; ela é ornada pelo prazer, sem emprestar-lhe complacência; ela é irradiante de benevolência.

Pode-se dizer ao mesmo tempo que ela é a natureza equilibrada e a natureza idealizada. Há nela aparentemente mais repouso do que movimento: mas isso porque ela domina todas as paixões particulares e todas as impulsões momentâneas, em vez de ceder-lhes. Não se pode concebê-la sem a moderação, por meio da qual ela governa todas as coisas, nem sem a experiência, que a ensinou a conhecê-las. Existe uma falsa sabedoria que é apenas uma falta de ardor, como vemos numa criança muito dócil, ou num velho, cuja vida começa a apagar-se. Porém, a verdadeira sabedoria é sempre uma violência contida. Ela não consiste, como sempre se crê, em contentarmo-nos com o que recebemos e em extenuar o desejo em nós, mas é naquilo que ela tem e não naquilo que lhe falta que ela descobre como aplicar a infinidade do desejo. É porque ela não pede nada que ela não para de receber tudo. É com o mínimo de matéria que ela realiza a obra espiritual mais pura.

É raro que o heroísmo possa preencher toda a duração da nossa vida, como a sabedoria. Quando ele parece contínuo, é porque renasce a cada instante. Ele não é de maneira nenhuma, como a sabedoria, um acordo entre natureza e intelecto, nem entre temporal e eterno. Ele é uma vitória do intelecto sobre uma natureza rebelde, uma irrupção violenta da eternidade do tempo. O contentamento que ele nos dá é o contrário do prazer, ao qual ele sempre resiste. Ele nunca deixa de evocar a ideia do sofrimento imposto ao corpo, do sacrifício e da morte.

A santidade é uma certeza tranquila e um ardor apaziguado que nos estabelecem num mundo superior ao mundo da natureza, mas pelo qual a natureza é iluminada. Com frequência cremos que aquilo que é obtido pela santidade é obtido contra a natureza; porém, isso não é verdade. Aqui, a natureza não é humilhada, nem destruída como no heroísmo, nem disciplinada e submetida como na sabedoria. Ela é transfigurada. Ela cede à santidade e se torna sua cúmplice. Ela esquece suas próprias exigências. Ela decuplica suas potências. Ela por assim dizer sobe acima de si mesma. Ela parece aniquilada, mas isso porque ela se torna o corpo vivo da santidade. A santidade parece uma natureza nova: ela é ao mesmo tempo a natureza renunciada e a natureza realizada.

O ESPAÇO ESPIRITUAL

1. Virtudes do conhecimento

O conhecimento é o que define o homem: ele o diviniza. Ele o relaciona com aquilo que o ultrapassa. Ao tirá-lo de si mesmo, ele não para de enriquecê-lo. Ele eleva da existência momentânea, que é a do corpo, à existência eterna, que é a das ideias.

Porém, o zelo do qual o amor-próprio se inflama pelo conhecimento dá um brilho demasiado vivo que é um efeito mais da cobiça do que da luz. Ora, o conhecimento, que nos põe na presença do Todo, tem de abolir o amor-próprio em vez de servi-lo; ele tem o desinteresse por essência. No entanto, ele aumenta o eu à sua medida, sempre o afastando de si mesmo. Existe uma proporção entre o intelecto que conhece e o conhecimento que ele conseguiu adquirir. Porém, se se pode dizer que o intelecto vale o conhecimento que ele dá a si, também se deve dizer o inverso.

Não existe outra posse além daquela que o conhecimento nos traz: ela é a posse totalmente interior e pessoal daquele que está além do eu e que o eu no entanto chega a abranger e a conter. É igualmente verdadeiro que, no conhecimento, o intelecto sai de si mesmo para tornar o mundo mesmo presente, e que ele volta para si mesmo e nele faz entrar o mundo. O conhecimento é mesmo uma espécie de fronteira entre mim e o mundo, mas que permite entre ambos todas as comunicações e todas as trocas. Ele é inicialmente apenas um espetáculo que proporcionamos a nós mesmos, mas nesse espetáculo vêm cruzar-se todos os caminhos da vontade e do desejo. Ele é o termo de toda atividade: e mesmo quando ele parece ser apenas um meio a serviço dela, é porque essa atividade apenas procura estendê-lo. O homem sempre protesta contra o mandamento pelo qual se tenta acorrentar sua vontade: ele duvida de seu valor, e sempre desconfia de que nele haja algum desígnio de interesse. Ele só quer agir no conhecimento, e gostaria que o conhecimento fosse suficiente para fazê-lo agir.

Porém, do que ele tem conhecimento? Seria contraditório que ele pudesse ter conhecimento de si, isto é, dessa possibilidade de conhecer que só se realiza pelo conhecimento daquilo que não é ele mesmo. Todo conhecimento é portanto conhecimento de um objeto e, enquanto tal, é incapaz de contentar-nos: ele é apenas uma imagem frívola que só interessa a nossa curiosidade. Porém, o objeto pode adquirir um significado caso se torne um instrumento de mediação entre mim e você, caso penetremos, graças a ele, num mundo em que não estamos mais sozinhos, em que o encontro de um eu que não é o meu subitamente ilumina meu próprio eu num mundo espiritual, do qual se pode dizer, ao mesmo tempo, que nos ultrapassa e que nos é comum. Então, o conhecimento, que é sempre apenas relativo, torna-se o caminho de uma revelação, a qual, por sua vez, é absoluta.

2. Do fora para o dentro

Somente o conhecimento, por direito, envolve tudo aquilo que é: somente dele se pode dizer que contém tudo como a luz que, também ela, é indiferente àquilo que ilumina. Ela é, portanto, universal por destino, e não se deve exigir do homem que aprenda a conhecer-se, mas que aprenda a conhecer este mundo em que, longe de ser ele mesmo um objeto entre todos os outros, ele nada é, exceto esse ato do conhecimento que tem o mundo por objeto, e não ele mesmo.

Porém, todo conhecimento tem de ir do fora para o dentro, ainda que, para a maioria dos homens, ele se detenha no objeto, isto é, do lado de fora. Assim, para o cientista, não há dentro: a realidade se reduz a uma aparência que se mostra. Das coisas, ele só conhece sua forma manifestada; ele só pensa em retirar-lhes essa iniciativa íntima que as faz ser, a fim de calcular a ordem segundo a qual elas agem umas nas outras, que lhe permite dominá-las e servir-se delas. Para além de todas essas relações sempre idênticas entre acontecimentos sempre diferentes, existe aquilo que as malhas dessa fina rede são incapazes de reter, isto é, a própria realidade, que se impõe a mim no presente, com sua qualidade própria, numa forma única e irrecomeçável. Ela sempre ultrapassa a ciência que a cerca de todas as partes sem conseguir apreendê-la.

Com o conhecimento dos seres, e não das coisas, tudo acontece de outro modo. O fora, para mim, é apenas um sinal. Os gestos, a fisionomia, são apenas testemunhos: porém, só me interesso por seu significado. As leis da ciência me deixam impotente em relação ao indivíduo que está à minha frente, que é o único objeto da minha atenção, e que sei estar submetido a essas leis, mas não como ele difere dos outros indivíduos, que, assim como ele, estão submetidos a ela. Ora, aquilo que busco ao olhá--lo não são as influências que ele sofre sem dominar, e que exprimem aquilo que ele não é mais do que aquilo que ele é, mas esse livre poder que ele exerce, às vezes sem suspeitar, e sem o qual o relego ao nível das coisas, ao parar, nas duas acepções que dou a essa palavra, de considerá-lo.

Essa regra, que aplicamos no conhecimento dos outros homens, segundo a qual nunca devemos nos deter nem nas palavras, nem nos atos, mas sempre ir até os significados e às intenções, nos mostra bem onde devemos procurar por toda parte a verdadeira realidade: em todas as coisas, assim como aqui, ela reside na intimidade e na espiritualidade de que vemos somente a aparência, que muitas vezes as dissimula para nós, e que quase sempre nos basta.

3. O espaço espiritual

Os homens se distinguem uns dos outros pela amplitude e pela pureza do espaço espiritual que são capazes de criar em torno de si. Cada um de nós está aprisionado por um muro de matéria que nos torna escravos e solitários. Porém, o desejo nunca para de afastá-lo, e a inteligência, de atravessá-lo. Assim se dilata pouco a pouco em torno de cada um de nós essa atmosfera de luz que nos permite ver-nos, que liberta nossos movimentos e lhes dá ao mesmo tempo sua facilidade e sua liberdade, que nos revela outros seres semelhantes a nós, cercados como nós pelo mesmo horizonte claro e espaçoso em que eles devem primeiro coabitar para que depois possam comunicar, segundo o ardor e o desinteresse de seu pensamento e de seu amor.

É um grave erro pensar que o mundo dos corpos é um mundo comum a todos, enquanto o mundo do intelecto é o mundo de cada indivíduo. Afinal, em primeiro lugar, o mundo dos corpos só é um mundo público porque é um espetáculo que nosso pensamento é capaz de abraçar, ao passo que nosso ser de carne está sempre agitado por algum frêmito que só pertence a ele mesmo, e que nunca conseguimos dominar, revelar ou calar; que nunca conseguimos conhecer nem ignorar completamente. Pelo contrário, o pensamento, que é invisível, sempre ultrapassa os limites do corpo: ele nunca se deixa encerrar-se; e é admirável que seja na intimidade mesma do pensamento que todos os seres individuais se tornem capazes de comungar e que consigam adquirir, dos próprios corpos, um conhecimento que é verdadeiro para todos.

Não existem outros solitários além daqueles que estão a sós com seus corpos: e é o diálogo de cada um com seu próprio corpo que produz nele uma solidão preenchida pelo amor de si na qual ele não tem nenhum companheiro. Porém, o intelecto nunca está só: ele é esse perfeito vazio interior que é capaz de receber em si o universo; ele é o obstáculo abolido, a preocupação dissolvida; ele é a infinidade dos caminhos que se abrem diante de nós e que solicitam nossos passos, a infinidade das demandas que não param de assaltar-nos e que já são respostas para nós.

Todos os seres são convocados a deixar o espaço material, que é o reino do constrangimento, da dor e da guerra, e têm de aprender gradualmente a habitar um espaço espiritual no qual reinam a liberdade, a paz e o amor; ali, tudo é aerado, móvel e transparente. O olhar toma os objetos sem ser retido por eles. O sopro da respiração mergulha com calma até as profundezas mais longínquas do Ser. Objeto nenhum se recusa à mão que tenta pegá-lo. Ele só se entrega a ela num contato ao mesmo tempo límpido e brando, do qual desapareceu toda resistência. Nossa atividade rompeu suas cadeias: um campo ilimitado se abre diante dela e se torna sua morada.

A partir de então, toda distinção se abole entre aquilo que sofremos e aquilo que fazemos, entre o desejo e a posse, entre a realidade que nos é oferecida e as criações da vontade, entre os estados da nossa alma e a configuração mesma das coisas.

Assim como o movimento permite a nosso corpo ocupar todos os lugares do espaço material e pôr-se no lugar dos outros corpos, a simpatia permite a nossa alma ocupar todos os lugares do espaço espiritual e pôr-se no lugar das outras almas.

Um espírito espaçoso aboliu todas as barreiras que retinham, diante dele, a atenção ou o desejo. Ele abraça um horizonte sem limites, e, em todos os caminhos por onde se empenha, só encontra objetos estáveis e luminosos, que nem o deixam inquieto, querendo deixá-los, nem vaidoso por encontrá-los.

4. As duas luzes

Dir-se-á que não existe nada de belo, de nobre e de puro no mundo além da luz. Tudo aquilo que ela envolve, e até tudo aquilo que ela toca, é imediatamente embelezado, enobrecido e purificado. Ela ressalta todos os horrores que enchem a natureza, mas não é maculada por eles.

Só prestamos atenção na luz por causa das sombras que a acompanham, e é na sombra mesma que com frequência buscamos os benefícios da luz, ao mesmo tempo porque ela nos preserva de seu brilho, porque ela nos revela sua proximidade e porque ela traz em si sua presença difusa. É a luz do dia que faz a beleza da noite: ela fecha em si mesma todo o mistério da natureza, cuja revelação será trazida pelo dia. Porém, há na noite a lembrança e a promessa do dia e a obscura claridade que une o crepúsculo à aurora. A noite sempre nos dá uma emoção incomparável, e há nela uma vida profunda e secreta que o dia pouco a pouco desfralda na precisão de formas e de contornos. A sensibilidade é como uma noite da qual o dia do pensamento não para de eclodir. Mas quem pode pensar em separá-los?

Ora, existem dois tipos de luz, dos quais um é, se podemos dizer assim, apenas a sombra do outro, ainda que no mais das vezes ele nos contente. Afinal, basta-nos que os objetos pareçam ao olhar envoltos pela luz do sol para que esqueçamos uma outra luz que os ilumina desde dentro, que percebemos ao fechar os olhos, e que é preciso encontrar através da outra para que sempre nos revele as almas atrás dos corpos.

E se a luz exterior nos revela a relação das coisas com nosso corpo, a luz interior nos revela sua relação com nossa alma, isto é, a própria alma delas, aquilo que elas são, e não mais aquilo que elas parecem: é a luz do amor. Nela, o sentido mesmo da nossa vida se revela, as tarefas que nos são propostas deixam de constranger-nos, e as soluções se oferecem a nós antes dos problemas. A partir do momento em que ela nos ilumina, ficamos ainda menos sensíveis aos objetos que ela nos mostra do que à alegria que ela mesma nos dá.

5. Simplicidade do olhar espiritual

«Se teu olho é simples, todo o teu corpo será luminoso.» Toda comunicação real com outro homem é desde já um efeito da simplicidade. Somente ela pode dar à inteligência e à sensibilidade essa delicadeza perfeita que, ao libertar o olhar do glaucoma da cobiça, garante sua lucidez.

A verdade só pode penetrar numa consciência que se mostre digna dela. Isso já é verdade quanto à consciência das coisas materiais. Porém, nesse caso basta empregar um pouco de atenção; quando se trata das coisas espirituais, ainda é preciso uma certa pureza do querer. Assim, esse é um domínio em que os cegos são mais numerosos. E pode-se dizer ao mesmo tempo que aquele que se eleva mais alto é também aquele que conhecerá a luz mais clara e mais bela, e que aquele que mais tiver esvaziado sua alma de todas as máculas do amor-próprio terá mais espaço para recebê-la.

Os filósofos considerados os maiores com frequência parecem industriosos mecânicos cujos conceitos, tão bem polidos, organizam-se em hábeis combinações. Existe aí uma tentação à qual não souberam escapar nem Aristóteles, nem Espinosa, nem Hegel. Porém, encontramos no intelecto mais simples um crescimento reto e natural que basta para pô-lo acima dessa grandeza aparente.

E há uma simplicidade do olhar espiritual que dissipa e que ultrapassa todas as sutilezas, todas as aporias da razão. Muitas galerias subterrâneas ignoradas tornam-se caminhos de luz que se multiplicam e que convergem todas para o mesmo ambiente.

6. Pureza

A pureza do olhar que entrega todo o ser sem precisar recorrer a nenhum movimento, a nenhum gesto, a nenhum sinal, a nenhuma palavra que, destruindo sua unidade, trocasse sua essência eterna por seu estado ou por sua vontade de um momento, nos torna sensíveis, sem nenhuma imagem nem segunda intenção, a essa espécie de comunicação recíproca e sem objeto que se estabelece entre os diferentes seres na participação numa mesma vida e na contemplação do mesmo universo.

A pureza do sorriso, ao relaxar todos os traços, não apenas deixa de exprimir certas emoções ou certas paixões particulares, mas muito antes testemunha sua abolição: em nós resta apenas o acolhimento mesmo feito à vida, um movimento imóvel em que o corpo e o espírito se confundem. O indivíduo se dissolve, ele deixa de ser percebido, ele nos traz a revelação de uma ordem espiritual de que ele é ao mesmo tempo o instrumento e o veículo.

A pureza atesta o rebento natural de um ser que está enraizado no real e preenche nele a função que lhe cabe com uma facilidade tranquila que exclui simultaneamente o artifício e a negligência. Ela supera a oposição entre a espontaneidade e a reflexão, pois não precisa da reflexão, de modo que tudo nela parece fazer-se espontaneamente. E no entanto ela se parece menos com esse movimento instintivo e incessantemente renascido do que com o ato imóvel de presença constante perante si mesmo por meio do qual nossa essência mesma se realiza. A pureza dá a todas as coisas materiais um rosto espiritual: ela ignora o cálculo, o esforço e o mérito. Ela realiza uma espécie de coincidência entre a necessidade e a liberdade, entre a graça e a natureza. Ela acompanha uma alegria tranquila, feita de apaziguamento e de consentimento, em que toda a profundeza da existência é em primeiro lugar medida, em que toda a dor que ela poderá nos trazer está aceita de antemão.

7. Purificação

A pureza é um ato de presença perante si mesmo e perante o mundo. Ato nenhum é mais difícil de realizar: toda distração que quebra a unidade do nosso ser é impura. Trata-se de uma inclinação da alma para aquilo que lhe é estrangeiro, para aquilo que é perecível, e já uma fuga para o nada: ela nunca recebe de nós um verdadeiro consentimento. Ninguém se entrega à distração com perfeita liberdade interior e absoluta sinceridade: não é de maneira nenhuma o amor que nos leva a isso, mas a falta de amor.

A pureza cria na consciência um vazio ativo: ela é ao mesmo tempo espera e atenção, confiança e chamado, e sempre nos deixa com as mãos livres.

A impureza perturba a relação clara entre a vontade e nossa essência pura: ela nos obriga a nos deixar seduzir por objetos exteriores a nós e abaixo de nós, que rompem nossa atividade espiritual e a obscurecem. Manter a pureza é saber abster-se, é salvaguardar essa pura essência de nós mesmos, isto é, a vontade que Deus tem sobre ela é impedir que ela se altere — expressão bela, tão simples e tão nua que basta para designar todas as corrupções.

Falamos em natureza pura e também falamos em espírito puro, mas a vontade que os une sempre corre o risco de tornar ambos impuros.

A pureza é a virtude da inocência, mas estamos sempre perdendo-a e reconquistando-a. E é por isso que nossa vida espiritual sempre se reduz a uma obra de purificação. Podemos concebê-la sob duas formas diferentes, e no entanto convergentes: sob uma forma negativa, que nos leva a desviar o olhar de tudo aquilo que há em nós e fora de nós de baixo e vil, e que basta a produzir sua forma positiva; em restabelecer em nós aquilo que há de melhor, o ímpeto espiritual, a inocência primeira que toda essa sombra dissimulava. Assim, ela transforma o mal em bem sem nos obrigar a lutar contra ele.

Ela não afasta os maus pensamentos, mas os impede de vir à tona, não que eles nunca mostrem seu rosto, mas um pensamento melhor imediatamente impede sua passagem.

A natureza, diz São Francisco de Sales, produz «os pâmpanos e as folhas ao mesmo tempo que as passas, e é preciso o tempo todo desfolhar e podar». Existem dois instrumentos de purificação: a dor, que nos obriga a nos separar das coisas, e a memória, que, uma vez que elas nos deixaram, nos obriga a espiritualizá-las.

8. A fonte clara da vida

A pureza penetra nossos recônditos mais longínquos: ela dissolve a lia do egoísmo, o amontoado de falsos interesses, a mistura de medo, de suspeita e de baixeza que os preconceitos tinham formado em nós por assim dizer apesar de nós. A pureza o atravessa e passa além. O mundo não tem mais para ela um fundo tenebroso: ela desce até a fonte clara da vida. Acontece que ela permite ver sem corar aquilo que estamos habituados a esconder sem suspeitar que possa ser visto. Porém, ela sempre dá à própria natureza uma espécie de irradiação. Podemos defini-la ao mesmo tempo como a ausência e o ápice do pudor.

Quando a maioria dos homens se admira porque a pureza assim permite que um ser só deixe ver aquilo que se poderia considerar seu próprio segredo, esse ser que é puro se admiraria da possibilidade de que as coisas fossem diferentes, ou de que não houvesse algo em outro ser que pudesse merecer o nome de secreto. Os seres puros nunca se mostram, ainda que somente deles se possa ver o fundo. Isso porque não há para eles diferença entre mostrar-se e ser. Aquilo que eles nos revelam é a perfeição de sua natureza, cujo equilíbrio é tão justo que a torna invisível, como Deus, a água, a luz e a virtude. Ela não deixa aparecer nenhum pensamento, nenhuma ação, nenhum sentimento particular que pudéssemos contrapor a outros e que poderiam suscitar em nós a inquietude de uma limitação ou de uma insuficiência, o pensamento de um futuro e de um passado que poderiam ser diferentes. Ou, pelo menos, nós os esquecemos para perceber apenas a essência de que dão testemunho, e da qual não os distinguimos mais.

O contrário da pureza é a preocupação, que sempre divide a consciência: porém, a pureza abole todos os conflitos do ser consigo mesmo. Um ser puro é sempre tudo aquilo que ele é. A pureza é a qualidade da criança que nos entrega todas as suas potências antes que sejam alteradas ou reprimidas.

A maioria dos homens encontraria facilmente no coração, caso prestassem atenção nele, os movimentos mais puros; porém, eles não consentem nem em vê-los, nem em confessá-los, nem em segui-los, pois temem naturalmente ser vistos como tolos e ser desprezados.

A pureza é tão perfeita e tão unida que não oferece abertura para nenhum ataque. Ela não se divide para se conhecer.

Ela só aparece nos acontecimentos mais comuns, nas palavras mais simples, nos pensamentos mais naturais. Ela reduz tudo aquilo que acontece a proporções tão claras e tão naturais que parece apagar tudo aquilo que, no mundo, é obstáculo ou excesso. Ela o transforma num espelho límpido em que todos os anseios do espírito ganham corpo e se realizam.

A pureza é mais fácil de manter na solidão. Qualquer contato traz o risco de manchá-la. Porém, a perfeição da pureza é precisamente que, ao invés de buscar preservar-se separando-se do mundo, ela dê testemunho de sua força e de sua eficácia, atravessando todas as sujeiras do mundo sem se deixar manchar, e deixando no meio delas sua própria irradiação. Até a hostilidade tem de sustentá-la como uma provação que ela enfrenta sem cessar.

9. Ver as coisas nascer

A pureza é uma transparência viva: é a virtude das fontes. Quando vemos o real sob uma luz suficientemente pura, nós o vemos nascer.

A pureza é indivisível: tudo aquilo que mancha a pureza do coração também mancha a pureza do pensamento e a do querer. Ela aniquila o sentido próprio: ela nos liberta de toda preocupação pessoal, desnuda a existência mesma das coisas e nos permite participar do ato profundo pelo qual elas se realizam.

A pureza é querer que as coisas sejam o que são. A impureza é querer que sejam diferentes, e por conseguinte pensá-las em relação a nós, introduzir nelas o verme da mentira ou o verme da cobiça.

A pureza não recusa nada daquilo que está diante dela: ela não cogita nem o modificar, nem lhe acrescentar nada. Ela percebe no mundo não apenas uma diversidade que a deixa maravilhada e que antecipa sua reflexão, mas uma hierarquia na qual ela se sente admitida antes que sua vontade tenha de intervir.

Ela mesma não nos traz nada. Ela permite que tudo nos seja trazido. Ela receia introduzir no real o menor hálito que o enrugue. Ela é muda e interrogativa.

A alma não possui nada, mas pode acolher tudo. Tudo é para ela oferenda e dádiva. Felizes aqueles que têm o coração puro, pois verão Deus. Narciso, porém, só quer ver a si mesmo. Quando temos o coração puro, recebemos todas as dádivas. Narciso, porém, só quer receber a si mesmo como dádiva.

A impureza está em querer guardar para si bens que são oferecidos a todos, e, ao fazer o gesto de retê-los para impedir que escapem, fazer com que eles efetivamente escapem.

10. Beleza da presença pura

A pureza é uma virtude simples e sublime que produz em nós o silêncio das paixões e dá imediatamente ao mundo uma transparência tamanha que prendemos a respiração por medo de perturbá-la. A pureza é o milagre do natural. Ela faz cair a aparência como um véu inútil. Ela abole toda distinção entre a realidade e o conhecimento, como se o conhecimento mais fiel fosse ainda impuro; ela nos dá essa estranha impressão de não precisar mais dele, e de tornar presente para nós a realidade mesma.

A pureza não se distingue da luz. E qualquer objeto só é puro pela luz que o ilumina. Nela vemos todo o resto, e parece que não podemos ver ela mesma. Isso porque ela não é nada mais do que a verdade de tudo aquilo que é. Então ela dá à atmosfera tanta limpidez que os objetos sobre os quais o olhar se detém parecem emanar dela, em vez de rompê-la.

Nela, as coisas e o sentido se confundem. Ela lhes dá aquele rosto familiar que, no entanto, parecemos estar descobrindo pela primeira vez, e sentimo-nos surpresos porque todo motivo de surpresa diante delas nos é assim retirado. Elas reencontram a nudez de sua inocência primeira, como se Deus, sem nos mostrar seu próprio rosto, mesmo assim se tornasse visível na dádiva que nos faz delas.

O real é sempre puro. Somente o amor de si, isto é, o abuso que fazemos das coisas, pode alterar seu fim natural e tornar impuras as mais belas. A pureza reduz cada coisa apenas à sua essência: ela desnuda aquilo que a faz ser; ela faz com que apareça seu ponto de conformidade com a vontade de Deus. Então ela nos revela um mundo tão secreto e tão belo que mal ousamos suspeitar de sua existência; parece que ela sozinha o cria, e dissipa o mundo perturbado em que pensávamos viver até então como um sonho obscuro e inconsistente.

A arte mais bela é também a mais pura. É aquela que ultrapassa e que abole todos os prestígios; ela torna visível a verdade invisível; ela dá às coisas mais humildes uma profundeza espiritual incomparável, e às mais profundas, a simplicidade e a naturalidade.

Não existe coisa bela que não seja pura. A pureza embeleza toda coisa. Ela é a medida mesma de seu valor. É despojando-a de todos os elementos estrangeiros que a recobrem e que a dissimulam que ela nos mostra sua plenitude, como vemos nas expressões: o entendimento puro, a vontade pura, o amor puro. Uma alma que é pura é a única que pode receber em si a beleza da luz e do amor.

A pureza exclui toda mistura, não porque não retire nada do real, mas, ao contrário, porque apreende ele próprio em sua unidade, sem nada acrescentar-lhe que, vindo de nós mesmos, vá inevitavelmente alterá-lo e corrompê-lo. Longe de ser abstrata e de supor sempre uma escolha e uma redução, ela tem em si essa unidade perfeita que é uma infinidade presente, rebelde a toda análise.

11. O cume da alma

É impossível dar um sentido à vida, e até aceitar viver, se não descobrimos uma vez esse cume elevado da consciência em que o pensamento e a vontade tentam estabelecer-se, e do qual nunca deveríamos deixá-los descer, cuja lembrança nos volta à mente carregada ao mesmo tempo de arrependimento e de esperança, e continua ainda a nos sustentar quando não temos a força de subi--lo. Só pode afirmar que faz nele sua morada quem tiver adotado como regra inflexível repelir as solicitações medíocres, as conversas inúteis e ociosas, os pensamentos de amor-próprio sempre associados a alguma preocupação que nos pesa, a algum interesse que nos distrai. Porém, essa regra ainda não basta, e poderíamos segui-la com fidelidade e no entanto permanecer num estado de indiferença e de secura. O cume da consciência é uma ponta brilhante que é a única capaz de atingir nossa atividade mais pura: o menor grão de poeira basta para embotá-la e manchá-la; nesse cume, nossa alma não encontra apoio nenhum e logo cai dele; no entanto, é nele que ela encontra o único equilíbrio que lhe convém e que é ao mesmo tempo o mais perfeito e o mais instável.

É então, também, por uma espécie de paradoxo que a capacidade da nossa consciência se encontra exatamente preenchida. Todas as faculdades da alma se aplicam e concordam ao mesmo tempo: e sua contrariedade mesma, que era para eles um impedimento, aumenta mais a força e a facilidade de todos os seus movimentos. A suprema tensão interior agora se confunde com o relaxamento supremo que nos entrega a presença mesma das coisas, e que dá aos mais humildes um relevo extraordinário e uma luz sobrenatural. A intenção é tão simples e tão reta que o mundo lhe é dócil e parece receber um significado que a realiza. O próprio dentro do mundo é transparente para nós, ao passo que o dentro do eu agora se confunde com essa claridade: então a alma está tão acima dos estados que ela sente que eles não bastam mais para perturbá-la.

É portanto no presente que se encontra o cume da nossa consciência. Porém, não sabemos nos manter nele: justificamo-nos dizendo que ele não poderia oferecer uma matéria grande o bastante para o nosso pensamento e para nossa ação, e é por isso que sempre o abandonamos.

Porém, queremos fazer esquecer que ele demanda um esforço grande demais para nossa coragem, e nos afastamos dele para dar a nossa atividade enfraquecida um objeto mais frágil e mais acessível, que possa distraí-la; ela o pede ao passado ou ao futuro, isto é, à lembrança e ao sonho.

O presente é um cume do qual descobrimos a infinidade do mundo como um oceano sem margens em que não há nem porto que um dia possamos atingir, nem caminho para um longe misterioso, que sempre nos escaparia. A infinidade é a negação do fim e, por conseguinte, do caminho. Afinal, a consciência só obtém o equilíbrio e a segurança quando alimenta seu olhar com o infinito, em vez de fazer dele um perpétuo além.

VERSALETE

1. CLARA SCHULMANN *Cizânias*
2. JAN BROKKEN *O esplendor de São Petersburgo*
3. MASSIMO CACCIARI *Paraíso e naufrágio*
4. DIDIER ERIBON *A sociedade como veredito*
5. LOUIS LAVELLE *O erro de Narciso*

Composto em Argesta e Kepler
Impresso em Pop'Set Indigo 240g/m^2 e Pólen Bold 90g/m^2
Belo Horizonte, 2022